第31回
JIA神奈川建築*Week* かながわ建築祭2020

学生卒業設計コンクール

日本建築家協会 関東甲信越支部 神奈川地域会 編

JN055240

はじめに

JIA神奈川では、建築が社会・文化を発展させるうえで不可欠な役割を担っていること、またそこに建築家という職能が深く関わっていることを、広く市民の皆様に知っていただくために、毎年2月にかながわ建築祭を開催してきました。2019年度は2月27日から3月1日までの会期設定でしたが、残念ながら新型コロナウイルスの影響から大半のプログラムを延期することとなりました。

本年度の建築祭では「サステナブルで豊かな暮らしに向けて」をテーマとして掲げ、「関内・外のこれからについて」「街のサステナビリティ」と題する中心市街地や郊外住宅地の活性化に関わる2つのシンポジウム、サステナブルなまち歩き、「2帖の茶室コンペ」入賞作品の展示、学校建築についての「デザインレビュー」といったプログラムを予定していましたが、それぞれ感染につながる「3密」を避けられず、当初日程での開催を見送らざるを得ませんでした。

メインプログラムの一つである「学生卒業設計コンクール」については、やはり同様の理由から、馬車道コンコースでの展示、公開審査を断念することとなりましたが、ぜひ審査・表彰は実現したいという関係者の熱意、審査員（木下庸子、金田充弘、日野雅司、大西麻貴の各氏）の理解、参加学生の協力があり、縮小版の図面データの提出、電話による趣旨説明、非公開での審査という形で、なんとか実施にこぎつけることができました。急なシステム変更に柔軟に対応していただいた学生の皆さん、多くの制約の中で十分議論を尽くしていただいた審査員の方々に、この場を借りて感謝したいと思います。

主催者としてこのような形の開催とならざるを得なかったことを大変残念に思いますが、いかなる逆境においても力強く前に進んでいく意思を示す絶好の機会であったとも思います。参加された学生の皆さんにおかれましても、この建築祭での経験をぜひ今後の活動に結びつけていただければと思います。最後に、このようなイベントの実現に協力いただいた総合資格学院を始めとする関係各位に深く感謝したいと思います。

公益社団法人 日本建築家協会
関東甲信越支部 神奈川地域会
JIA神奈川代表

小泉雅生

JIA神奈川・学生卒業設計コンクールへの協賛および作品集発行にあたって

建築士をはじめとする、有資格者の育成を通して、建築・建設業界に貢献する──、それを企業理念として、私たち総合資格学院は創業以来、建築関係を中心とした資格スクールを運営してきました。そして、この事業を通じ、安心・安全な社会づくりに寄与していくことが当社の使命であると考え、有資格者をはじめとした建築に関わる人々の育成に日々努めております。

その一環として、建築に関係する仕事を目指している学生の方々が、夢をあきらめることなく、建築の世界に進むことができるよう、さまざまな支援を全国で行っております。卒業設計展への協賛やその作品集の発行、就職セミナーなどは代表的な例です。

JIA神奈川・学生卒業設計コンクールは、神奈川県内の7大学において各大学から選出された作品が出展する卒業設計コンクールです。「かながわ建築祭」のイベントの一つとして、JIAの実行委員を中心に多数の教員方の手によって運営されます。しかし、残念ながら本年度は新型コロナウイルス流行の兆しが見られたことを受け、公開から非公開へと審査方針の変更が余儀なくされました。本誌では、公開することができなかった当日の審査の模様を収録しているほか、各大学から選ばれた優秀な出展作品すべてを掲載しており、資料としても大変価値のある、有益な内容となっております。

近年の建築・建設業界は人材不足が大きな問題となっていますが、さらに、人口減少の影響から、社会の在り方が大きな転換期を迎えていると実感します。特に本年は、新型コロナウイルス感染拡大により私たちの生活や社会の仕組みが変化せざるを得ない状況となりました。そのような状況下で建築業界においても、建築家をはじめとした技術者の役割が見直される時期を迎えています。本作品集が、そのような変革期にある社会において高校生をはじめとした、建築に興味を持ち始めた若い人々の道標の一つとなり、また、本設計展に出展された学生の方々や本作品集をご覧になった若い方々が、時代の変化を捉えて新しい建築の在り方を構築し、高い倫理観と実務能力を持った建築家そして技術者となることを期待しております。

総合資格学院　学院長

岸　隆司

CONTENTS

第31回 JIA神奈川建築Week
かながわ建築祭2020
学生卒業設計コンクール

[主宰]
公益社団法人 日本建築家協会 関東甲信越支部 神奈川地域会（JIA神奈川）

[日程]
2020年3月1日（日）

[場所]
JIA神奈川事務所

[審査員長]
木下庸子

[審査員]
金田充弘、日野雅司、大西麻貴

[参加大学]
神奈川大学、関東学院大学、慶應義塾大学、慶應義塾大学SFC、
東海大学、東京工芸大学、明治大学、横浜国立大学

[応募作品]
22作品

※当初はかながわ建築祭の1イベントとして開催予定
だったが、新型コロナウイルスの感染拡大により建築祭
を延期。学生卒業設計コンクールのみ非公開で実施

非公開審査会

JIA神奈川・学生卒業設計コンクール

神奈川にキャンパスを持つ7大学より、優秀な作品が代表として出展する本コンクール。

本来は馬車道駅で例年通り開催する予定だったが、新型コロナウイルスの流行により断念し、JIA神奈川事務所にて非公開の審査が行われた。

出展者によるプレゼンがない中で、4名の審査員が試行錯誤しながらプレゼン資料を読み解いて討議をし、本年度の受賞作品が決まった。

プレゼン資料のわかりやすさが審査の大きな決め手となったが、電話による候補者との質疑応答が行われるなど、白熱した議論が展開された。

審査員長
木下庸子
工学院大学教授
設計組織ADH

審査員
金田充弘
東京藝術大学准教授
Arupシニアアソシエイト

審査員
日野雅司
東京電機大学准教授
SALHAUS

審査員
大西麻貴
横浜国立大学大学院 Y-GSA
客員准教授
大西麻貴＋百田有希 / o+h

テーマごとに分類して議論

司会 午前に配布した資料をもとに1人10票を投票いただきましたが、そこで選ばれた2票以上の11作品をテーマごとに各2作品に分けて議論してもらいます。そして5作品程度に絞ってから、金賞・銀賞・銅賞の作品を選んでいただきたいと思います。

22「塔は旧来の作法にのっとる」加藤大基（P.52）

×

31「今こそ斜面地に住もう」小野正也（P.94）

木下 構造が目立ちますが、もっとエレガントにできたのではないかな。

金田 テーマはわかりやすいのですが、何故ガンダムのようなゴツイビジュアルにしたんでしょうね。用途は避難タワーなので、もっと避難タワーだということが明快にわかるビジュアルにすれば良かったんじゃないかな。

日野 5つの敷地はどのような根拠で配置されているのでしょうか。避難想定人数などが書かれているので、最低限の避難計画はされているのでしょう。「各タワーをめぐる新しい周期の確立」とあるから、この4つを順繰りに巡って使うことを想定しているのでしょうか。

金田 次の審査には残さなくてもいいかな。

―― ―― ――

日野 斜面をテーマとされていますが、主にプレゼンテーション

されているのが斜面の上の部分で、斜面に建つ建築の説明が少ないのですよね。

大西 この案は、丘の周りに道を迂回させているんじゃないのかな。この道はもともと車がメインになっているので、それを迂回させることで車のスピードを遅くして、車と人が共存するような丘の上にするという提案ではないかと。

木下 高齢者に対しての提案は特にないのかな？

金田 庇が結構大きいんですね？

木下 もっと小さな建築の集合をやるのかと思っていたのですが、資料を見ると、上のほうに結構大きな建物をドンと建てるようなイメージです。断面のダイアグラムと比べると相反するような気がするので、解け切れなかったのかもしれない。

日野 丘の上に住むことを可能にするアイデアがもう少し計画に取り込まれ、形に表れていると良かったですね。結果的に土木寄りなスケール感になっていますが、もう少しヒューマンスケールに落とし込まれていれば腑に落ちやすかったかな。

木下 敷地を知らない人間には、この斜面地に対する情報が少なくて判断が難しい（笑）。だからプレゼンテーションをもう少し頑張ってもらえると良かったですね。次の審査に進めてもいいかもしれません。

1「その道の先に」加藤佑規（P.70）
×
8「人間の還る場所」牧迫俊希（P.48）

木下 1番「その道の先に」は資料からアクセスできる動画（資料に掲載のQRコードから動画が見られる）が気にはなるのですが、近い距離のところに建物を集中してたくさん建てているように見えます。

金田 そうですね、通りに沿ってつくっているようですね。

木下 結構建物が大きいですが、中のプログラムがどうなのかな。これだけ大きなものが必要なのかな、小さい建物が連なっているのは良いかと思うのですが……。

日野 資料を読んでも、これだけ多くの架構方式を何故つくったのかがよくわからなかった。本人に話が聞ければ、良かったのですが。

金田 敷地となる集落の架構形式の一部を取り入れてつくったのだと思うのですが、語られていないのでわかりませんね。

日野 屋根の勾配がこんなにバラバラで街並みがうまくつくれるのかというのは少し気になりますね。

木下 6つの架構式の後ろに存在するテーマのようなものが少し見えづらくて、一次審査で投票しましたが投票するか悩みました。あと、建築がなんだか重たい印象があるんですよね。

日野 「CLT柱」という記載がありますが、これは間違いでしょうか？

金田 そうですね、柱にはCLTを使いませんね（笑）。

木下 大西さんだけ投票していないけれど、何か気になる点があれば。

大西 私も投票しようかなと思って印をつけていたのですが、読み込んでいくとどういう想いがあるのかがわかりづらいです。

木下 架構についてもう少し説明ができただろうに。ちょっと残念ですね。

金田 大三島という場所は13の集落から成るのですが、それぞれキャラクターが結構違うんですよ。なので、そこと架構の関係があるのではないかなと勝手に推測しています。でも、それが正しいかはわかりませんね。

木下 後で判断しましょうか。

—— —— ——

日野 山に穴を掘った案ですね（笑）。

木下 建築的な最低限の処理をほどこしている面白い提案かなと思って投票したのですが、実は次の投票については悩んでいます。というのも、建築ではなく穴を掘っているだけなんですよね（笑）。

大西 このような小さい東屋というか彫刻的な建築を点在させるという案はいろいろあると思いますが、山にこれまでのいろいろな痕跡が無作為に重なっているのに、もう1個重ねるような形で建築というのができるのか、そこが面白いと思いました。実際にできたものが見たこともないようなものになっていないのが勿体ない気がしています。

木下 私もストーリーは面白いと思いましたが、ここで取り上げた過去の痕跡のようなものはわりかし今存在するもので、もっと掘り下げて考えたいというような文章でスタートしているのに対し、いくつかピックアップしてつなげただけのように感じました。ただ、まだ読み解けていないところもあるかもしれませんね。気にはなります。

日野 山を掘る方法が5つ提案されていますが、人と自然が一体になる時に、人が表に現れないために穴を掘って隠すという操作をしているように感じられます。そこが良いところでもあり物足りないところでもあるように思います。自然と人間が一体になると言い切るのなら、人間がそこにいてもいいという環境のつくり方がもう少し欲しかったです。

木下 私もそれには同感です。建築的な物足りなさを感じています。

日野 穴を掘ってこっそり音を聞くとか、穴を掘って桜が散っているのを見るとか、穴を掘って地下から水が出てくるとか、自然と一体化というよりは自然を新しい視点で見るという提案のような気もします。それ自体は面白いと思うのですが、人間が観察者になりすぎているかもしれません。

金田 自然と一体化というよりは箱庭的な視点であり、そもそも日本には箱庭的な視点はありませんが、これらの穴のつくり方や自然の表現の仕方は箱庭的な感じがします。そういうのがわかっていて意図的にやっているのならいいと思います。ただ、単純に人間と自然というものを対立的にする視点としては、ちょっとコントロールされ過ぎた自然かな。

木下 資料のシークエンスももっといい場所を選んで欲しかった

ですよね。1箇所だとシークエンスがわかりづらいです。

金田 上から桜の花が散ってくる断面図のほうが面白い。

日野 ドローイングにもう少し力があれば良かった。

木下 これは絞り込む方向でいいですかね。

13 「建築と遊具のあいだ」関口大樹（P.32）
×
16 「空間を食べ比べるように」佐々木大樹（P.44）

木下 これは実寸でつくったのかな。

金田 三角形をつくって剛接合にしますという平面的なルールをつくっているのですが、立体になった時に担保されているのかどうかはちょっとわからないです。考え方としては、2本では剛接合できないのでもう1本足してつくる。そして、どこか1箇所壊れても大丈夫なように冗長性を持たせているということですね。

日野 トラス状態にするということかな。

金田 それを広げていくということですね。システムとしては、子どもにも説明できるような内容だと思います。

木下 子どもを巻き込んだワークショップ型のプロセスということですよね？

金田 そうですね。

木下 それは面白いと思います。

大西 それをきちんとフィードバックしたということですかね。

金田 一人のコーチのような人の力量に頼るというよりは、一応再現性があり、この「あそび図鑑」とルールブックがあれば他の場所でもできるというのはいいかなと思います。

大西 つくり方も単に安心・安全ということではなくて、多少壊れても大丈夫なようにできているというか、本当に危険なことがあったらチューターが助けるというような考えで、それは面白いなと。日野さんも投票されていないですよね？

日野 投票しても良かったのですが、14番「とぐろ森」に投票しようと思っていたので遠慮しました。こちらの13番に投票してもいいかなとは思っています。

木下 それでは、この作品は次の審査候補にしましょう。

―――

大西 何故このように細かく割るのかが少しわかりづらい。

木下 これは結構面白いと思います。資料1枚目を読んでから2枚目を読むと、こんな形になるのかという驚きはありました（笑）。これは密集市街地のもう一つの観点、更新のされ方の手掛かりにはなるのでは。

大西 金田さんは投票されていないんですね。

金田 僕は同じように小空間系で資料が全くわからなかった7番「超狭小住宅群」を選んだのですが、これも同様に、何故小さくしなくてはいけないのかがよくわからない。もともとこのような小空間があったとか、このような空間が増殖していくルールができるというようなものがあればわかるのですが。ある一人の建築家がこれほど細かく空間を無理やり細分化する意味が

本当にあるのかな。写真などは中央アジア的な、日本よりも日差しが強くて暑いところの密集都市のような印象があります。それは魅力的だなと思う反面、本当に必要なのだろうかという気持ちになります。

大西 細分化することに対する納得できる理由があれば。

日野 結果的にどのようにプログラムを選んだのかが、よくわかりませんでした。この空間に適したプログラムがもっと発見できればより面白かったと思います。

金田 デザインは確かにいいかなという気がしましたが、いわゆる街区の外側の耐火建築物に囲まれて中に古い蔵が残るというタイプの置き換えに限りなく近いんですよね。魅力的ではあるのですが、中はちんまりしている感じ。

木下 グリッドを上からかぶせているのが、ひと昔前の都市計画でやったことのようです。

大西 京都などの場合は、街区の中でもともと庭があったところを買い取って大きなマンションを建てるというのはありますね。それはオルタナティブになっており、容積をきちんと確保して、低い庭は残すというようなことをしています。どのような課題かはっきりしているともう少し理解できるのですが。候補には残しておきましょうか？

木下 それでは、候補に残しておきましょう。

金田 1番「その道の先に」を残すなら、これも残してもいいのではないかな。

32 「ロードサイド商業がまちを守る」瀬川未来（P.28）
×
33 「街の続きの学校」毛利栄士（P.96）

金田 この案は結構好きなんですよね。建築家不在の地方の大型商業を敵視するのではなく、災害拠点に変えてしまおうという乗っ取り感がいいですよね。

木下 テーマはすごく面白いと思います。ただ、模型写真を見ると寂しいんですよね。

金田 そう、出来上がったものが寂しいんですよね。

大西 広島の土砂崩れがあったところが敷地のようなのですが、その谷間の安全なところに大きな道路が通ってロードサイドのショップがたくさんあるけれど、実はここが一番便利じゃないかという発想の転換が面白い。ひょっとすると巨大看板がついているのは嫌だと思っていたのに、これが目立つことで避難時に有用ということになり、価値の転換が起こっていく可能性がある。それが面白いですね。

金田 資本の論理でできていたものを地域に使ってしまおうという。

日野 僕も面白いと思うのですが、ちょっとわからないと思ったのが、もともとスロープがあるビルディングタイプなのに新しくスロープを設けると書いてあることなんですよね。つまり、人も使えるスロープにするという意味なんでしょうか。

大西 個別解をたくさんつくるよりも、原則のようなものをつ

自然と一体化というよりは自然を新しい視点で見るという提案のような気もします。それ自体は面白い──

──日野

くって誰でもできるというような意図があるのでは。それで、車両のスロープがないところに関してはそのようにつくり、あるところに関してはそのまま使うということでは。

木下 給水塔を附置義務にするのが面白いですよね（笑）。こういう考え方は今まで見たことない。

金田 義務にするというのは面白いですよね。

木下 どれだけ守れるかわからないけれどね（笑）。これこそ模型があったら、だいぶ印象が変わっただろうな。模型が見たかったです。

金田 コンセプトは良いのですが、建築としての完成度が残念。

日野 災害避難用に建てられていないものを、災害時の人の居場所や救助しやすい場所へと変えていくという話だとすると、建築がどのように変わっていくのか知りたいというのはありますね。アイデアはすごくいいです。

── ── ──

木下 道を通したというのはよくわかったんですね。だけど、どういう操作をしてどう良くなったのかがあまり読み取れなかった。いいところを見つけて道を通すというのは、大きな変化を与えますが、それがどれだけの効果があるのかな。

日野 良い案だと思いますが、学校の枠から抜け切っていないかな。卒業設計にしては少し物足りないかもしれない。

木下 もっと突っ込めそうなストーリーなんだけれどね。

金田 大きな道をつくり、そこでパブリックと学校というのがうまく接するのだけれども、一方で裏道もあるんですよね。そこが本当は一番面白いんじゃないかな。みんなが通れる道と、生徒しか通れない裏道という学校独自の道があり、それが面白くしているんじゃないかな。

木下 道を通すというのは重要なことで、行動パターンを全く変えてしまう。そこに目を付けたのが面白いと思って投票したの

ですが、先ほど日野さんが話されたようにそれ以上のところまで発展していないというのは事実なんですよね。

日野 テーマの発見はさておき、立ち現れた空間が良かったのかもしれないので、模型を見てみたかったですね。しかし、他の作品もそれは同じ条件なので……。そういう意味でも、とっかかりのアイデアが面白い32番は評価しやすい。

木下 それでは、32番は候補にしましょう。33番は候補から外しますが、もし議論に上るようなら挙げましょう。

3 「隔たりなき壁」坂本理久（P.24）

×

17 「西戸部の笠」前川 凌（P.40）

大西 3番はすごく完成度が高い。防潮堤自体に対して良いものなのかという疑問はありますが、これは壁として防潮堤を建てる案ではないので良いかと。

木下 そして、テーマとして建築と土木をどのように融合させるかということで、このような防潮堤を選んだのは良いですよね。

日野 私もテーマが良いと思います。しかし、津波が来たらこの人たちはどうするんだろうという素朴な疑問があります。

金田 防潮堤をジグザグに配置しているので、防潮堤の外と内に建物がリニアに並ぶことになり、海側の施設はどうなるんですかね。もう少しルールがあっても良かったかな。土木に暮らすというのはすごく良いテーマだと思うのですが。

大西 建物内にも市場があるので、たぶん外に海と接続するようなものができているのかな。本人に話を聞けると良かったのですが。でも、面白いですね。

日野 防潮堤自体も、全く波が乗り越えないわけではないと思うので、乗り越えたうえで水位がどこまでいくかということも、たぶんわかっていて計画していると思います。土木が持ってい

る問題を解決していこうというのがすごく良いですよね。

木下 それでは、この作品は次の選考に残すということで。

── ── ──

大西 模型写真も迫力があって良かったのですが、若干気になったところがあります。大きな集合住宅にある擁壁がエリアの基壇のスケールよりも大きいから、段々を小さくしていくと書いてあるのですが、そこだけでは足りないと思ったのか、既存のところもやり直してしまっており、そこに若干の疑問を感じます。

金田 そうですね。もっと小さい介入で良かったのではないかな。自分で基壇をつくってしまっているんですよね。

大西 そうですね、大きいマンションのところにある、もともと大きい基壇を対象にするというのはわかるんですよね。

金田 基壇がないとだめというルールにすると、計画が苦しくなるというのはありますね。

日野 問題発見と解決方法がすごく素朴で、すぐに思いつきそうなことではありますが、それを建築としてやりきっているところが評価できます。資料によるプレゼンテーションが上手かったので、ほかの人もこれくらい上手いとまた印象が変わりましたね。

木下 この作品は31番と一緒に議論しましょうか。

28 「継承・看板建築」寺澤宏亮（P.36）

木下 もう一つ4票獲得した作品ですね。でも、意外ですね。

金田 よくある内容の作品なのだけれども。

日野 そうなんですよね、他とちょっと毛色が違うというのが投票しやすかった要因ですよね。

木下 できている建築はどうだろうかと思いつつも、仕組みが面白いなと思いました。ケーススタディとして、きちんと6タイ

プが用意されていたので、そういう意味では評価できるかなと思いました。

大西 もともとないところに足していくというのも構造的にはありですか？

金田 ありですね。コンビニの上のやつですね。

大西 コンビニの上に足すのは結構いいなと思ったのですが、駐車場に壁だけ建てるのはどうでしょうか。この作品に4票も入るものかな。

（審査員一同、うなずく）

木下 あと、個々に建築を扱っているんですよね。システムをつくるのがいいとは言えないけれど、地域や街並みを形成するというところまでは考えられていないんですよね。このような案、特にファサードなどは、街並みを形成するのにすごく良いのではないかなと思ったのですが。

大西 奥行きが変わるという案から、この作品の面白さがわかりますね。

木下 街並み形成の話ができたのにそれがないのが惜しいと思いました。これは残さないでよろしいですかね。

＊　＊　＊　＊

視点の異なる作品への審査基準

司会 二次審査に進むのは、1・3・13・16・17・31・32番となりました。

大西 この後は一押しとして、この7つから3作品を選びますか？

木下 そうしましょう。それでは、こちらの7つを審査しましょう。

第二回投票

1	「その道の先に」	1票（木下）
3	「隔たりなき壁」	4票（全員）
13	「建築と遊具のあいだ」	3票（木下・金田・大西）
16	「空間を食べ比べるように」	1票（日野）
17	「西戸部の笠」	1票（日野）
31	「今こそ斜面地に住もう」	--
32	「ロードサイド商業がまちを守る」	2票（金田・大西）

金田 今度は金賞から順に決めていきましょうか。13番「建築と遊具のあいだ」が好きなのですが、これは金賞にはならないんですよね。

木下 そうね、おっしゃる通りです。

金田 そういう意味では、3番「隔たりなき壁」のほうがいいかなと思います。

木下 13番「建築と遊具のあいだ」はこのような材料を何故使ったかといった話が聞けたら良かったのですが。でも、子どもとのワークショップから出来たというのは面白い進め方だと思うんですけれどね。

金田 32番「ロードサイド商業がまちを守る」はコンセプトがすごく面白いのですが、最終の成果品が寂しい。本当にこれが金賞でいいのだろうかと思わされる。

木下 そうなんですよね。

司会 金賞と銀賞が全国のコンクールに進めます。

金田 全国で戦えるかを考えなくてはいけないんですね。32番「ロードサイド商業がまちを守る」は、アプローチが切れ味抜群なんだよね。

木下 資料1枚目は漫画のようなデザインだけれど、わかりやすくてなかなか良いプレゼンですよね。この「5原則」と「附置義務」というのがキーワードになるでしょうね。

金田 全国に進んでも同じ議論になるかとは思いますね。アプローチは面白いけれど、最後に出来上がったのがこれだと残念だという。でも、このアプローチは見たことないんですよね。

日野 その頃には公開審査などができるようになっているといいですよね。

金田 その時に模型がアップデートされていればね。1枚目のシートくらいのヘタウマでポップな表現に模型もしていたら面白いかもしれないですね。

木下 そうですね、白でやらないでね。

金田 もともとの建物がニトリなのだから、それをいわゆる建築家的な素敵な建築にするよりは、ニトリの名残があるのだけれど、こんなに良い建物になるんだというのを見せてくれたほうが良い。でも、全国に送りたい気はしますけれどね。

木下 13番「建築と遊具のあいだ」の形の生成にアルゴリズムを構築するあたりの話がよくわからなかったのですが、これは幾つか項目があってそれで剛性にするということですか？

金田 そうですね、平面ではそうだと思うのですが、立体ではうまくできているのだろうか。楽しそうな写真があるのだけれど、本当にシステマチックにできているのかについては疑問を感じます。

日野 感覚的にワシャワシャと巣をつくったら、結果的にこうなるような気もします。

金田 そうですね、実際はね。

日野 それが良いのかもしれないけれど。ルールつくって実践をしていなかったら、ここまでの評価にはならなかったんじゃないかな。

金田 ただ現場でこれを組んだだけなら、ただのアート作品になるしね。ルールがあって、学生チューターと子どもたちで再現性のあるものをつくれるというのが良いんですよね。まさに、記述があって観察があってというのが良いと思います。

日野 他と全く異なる切り口なのですごく目を引く作品ではありますね。32番「ロードサイド商業がまちを守る」は、アイデアは悪くないのですけれど、ロードサイドショップ自体が全く新しいテーマ、というわけではないかもしれません。

金田 3番「隔たりなき壁」についても、これまでに防潮堤の案は結構出ているじゃないですか。その中で、今までと同様の防潮堤の案と思われるレベルなのか、それともこれまでなかった防潮堤の案なのか。難しいところですね。

木下 7作品が勝負している視点が違いますよね。32番「ロードサイド商業がまちを守る」は非常に社会的な意味を含んでいる。3番「隔たりなき壁」も社会的な意味がないわけではないですね。社会的とはいえ、こちらの2つは全然違いますよね。それで、どの視点で全国を攻めるのかというところですよね。ただ、全国へ進むのに、1票の作品（1・16・17番）は選考から外してもいいかもしれない。

金田 応援演説はいいのですか？

日野 応援演説してもいいのですが……。

金田 1番「その道の先に」はビジュアル的に残したいという気持ちもあるんです。

日野 全国へ進む2作品を選ぶということでしたら、やはりテーマ性が重要かもしれませんね。私が投票した16番「空間を食べ比べるように」と17番「西戸部の笠」は非常にエネルギーの入った迫力のある案ですが、問いの立て方として、少しもの足りないかもしれません。

司会 では上位3作品はどれに決まりましたか？

木下 3番「隔たりなき壁」・13番「建築と遊具のあいだ」・32番「ロードサイド商業がまちを守る」まで絞りました。もちろん、それ以外の作品についてはまだ候補に戻る可能性もあります。

金田 これから選ぶのは難しいですね（笑）。

木下 視点が全く違いますから。

金田 選んだものによって、コンセプト推しなのかモノ推しなのか、審査に関するメッセージ性が出てしまうじゃないですか。

（審査員一同、長考）

＊　　＊　　＊　　＊

上位3名による電話でのプレゼン

司会 ホットラインの電話を使いましょうか。出展番号順にかけていきますので、作品について簡潔に説明してもらいましょう。説明後に審査員の先生方より質問という流れにします。

3 「隔たりなき壁」坂本理久

坂本 自分の提案は徳島県美波町という場所で行っています。今そこでは高潮対策のために最高高さ5mの防潮堤を建設中であり、その防潮堤というのが東日本にあったような壁が建つような形になっているので、それは不味いのではないかと思ったのと、自分は土木と建築というのが遠く離れているというか少し距離を置いた関係になっているのをどうにか融合させて防潮堤の在り方を見直していこうと考えていたことから、ちょうどよい敷地だったこともあり、ここを選びました。今までの防潮堤というのはまっすぐな壁のようなものだったと思いますが、それを直角に曲げることで空間を生み出して、防潮堤の下や上の空間に違いを出すことなどをテーマにつくっています。

日野 防潮堤の外側にも建築がありますが、津波が来たらここは波をかぶるという想定なのですか？

坂本 津波が来たらかぶるという考え方もあるのかもしれませんが、そこで暮らす人々の生活空間が非常に狭いので、災害時の対処というよりは普段の生活を豊かにすることをテーマにしています。津波をかぶってしまうところもありますが、そういう場所はすぐ避難できるように防潮堤側の両サイドに塔のようなものを建てています。それによって避難は可能になっています。

日野 いわゆる津波避難タワーになっているということですね？

坂本 そうです。両サイドの建物自体は津波避難タワーのようになっていて、敷地は広いのですが、5分以内に逃げられるような形にはなっています。

木下 中に入るプログラムはどのような機能にしたのですか？あるいは決める基準はあったのですか？

坂本 地域の特徴からプログラムを組み込んではいるのですが、もともと避難施設自体がすべて漁港の敷地内にあり、昔200人いた漁師が今は50人もいないくらいになっていることから、漁師の方が漁港の規模を縮小したいということをおっしゃっていたので、漁港施設は縮小した形になっています。一方で、美波町にある薬王寺というお遍路さんがめぐるお寺があり、そこに観光客がよく来るのですが、交通手段的にアクセスしづらいので、新しい交通拠点を設けます。その観光客用の拠点を加えたのが網納屋のリノベーションエリアとなります。また、地域の子どもと地域の大人も関わりが少ないので、子どもの街に対する愛着というのが薄れてきているというのもあり、子どもの寺子屋のようなところの隣に高齢者施設を設けること

で、両者の交流を深めます。あと、サテライトオフィスのような場所も設けています。防潮堤側に海の駅を設けているので、そこの待合となるようにカフェを設けているのと、1日を過ごす中でお風呂というのは重要だろうということで、その近くに銭湯を設け、海側にあることで干潟を一望できるようになっています。あとは漁港があるという感じですね。ということで、テーマとしては、漁師・地域の大人・子ども・観光客の4種類の人たちがその中で生活をして、触れ合えるというテーマになっています。

大西 ありがとうございます。海際のほうの建築は、土木的な防潮堤に対して建築が取り付いていくという、空間のつくられ方に明快なルールがあると思いますが、その内側にある「みんな

の家」がある建築などについては建物のつくり方に意図はありますか？

坂本 地域から訪れるルートを少し明確にしたいと思っていて、道を街区から引き込むというのを一つのルールとしました。道との間にはポケットパークや縁側を設けており、ここで地域の交流が生まれるほか、海側からのアクセスとして立体動線というのを通すことで、海へのアクセスを良くしています。あと、立体動線を取り入れて道を引き込んだうえで建物を入れています。この地域のほとんどは切妻で建てられているのですが、その切妻とは別に片流れを挿入することで、この土地とは異なる雰囲気をつくりました。みんなが集まる場所として「みんなの家」というのがありますが、これは地域のものであるのでここだけ切妻にしています。ここが地域の中心場所になればと考えています。これらが、防潮堤側ではないエリアのルールとなっています。

日野 ここは新築ですか、改修ですか？

坂本　１つだけリノベーションをしているところがありまして、そこが観光エリアになっているのですが——。

木下　資料で言うと、A、B、Cのどれにあたりますか？

坂本　すみません、今データを持っていなくて……。

日野　ちなみに、今どこにいるんですか、外ですか？

坂本　外です。

日野　出先なのにしっかり説明してくれてすばらしいですね（笑）。Mの「観光客宿舎」かな？

坂本　そこです。

日野　そのあたりは既存の建物を利用してつくっているんですか？

坂本　そうです。ここにはコールタール塗りの網納屋がもともと

着眼点がすごく面白いとみんな思っているのですが、これによって具体的にどう良くなったか知りたい——大西

あるのですが、それが今は全然使われておらず廃れてしまうような感じになっているんです。でも、ここは景観的に素晴らしいので、どうにか改修してうまく使って欲しいです。ただ、全部残してしまうとちょっと周囲の建物に干渉し過ぎるし、火災があった時には燃え広がってしまう危険があるので少し残しています。それ以外の場所はすべて新築です。

13 「建築と遊具のあいだ」関口大樹

関口　本制作は藤沢市で実際に制作をしています。遊び場や環境をデザインするのではなく、生成方法をデザインすることで形や遊び方を子どもたちと一緒につくることを目標に、１日で今回の制作をしました。

金田　子どもたちと落ちている木を拾ってつくったというのは、よくあるわけではないけれど、それなりにあることだと思うのですが、この作品はその前段階として、ダイアグラムに示され

ているようなシステムを考えたということですよね？

関口　はい。

金田　３つの材を合わせることで剛接合にし、それを展開していくというルールがあるんですよね？

関口　はい。

金田　子どもが施主であり施工者でもありますが、これらのルールについて子どもたちがどの程度従い、一方で、どの程度自主的に考えたものが形に反映されたのか。構造だけでなく、子どもたちを含めてつくるという意味でのルールというのは何か考えましたか？

関口　子どもたちが介入するため安全に使われなければならないので、このアルゴリズム自体は現地で結構試作を重ねています。例えば、ここに１本通したいと言われた場合には、ここにこれを足したらこうなるよねというように、現場で子どもたちと話す中で考えながら接合しているところがあります。一方で、安全の配慮はしなければならないので、突拍子もないものについては、僕の判断で危ないからこちらにしたほうがいいんじゃないかという選択肢を子どもたちに投げかけるようにしました。基本的には子どもたちの言葉などをインタラクティブに受け取るようにしています。

金田　これはこのルールを理解すれば、関口くんがいなくても他の人でもできるのですか？

関口　制作方法に従えば、ある程度の大人なら安全に組めるのではないかなと思います。

大西　コンセプトのところに「子どもたちが遊び建築家であり、遊ぶ人であれるような場所を実現可能にする」と書いてあったのですが、これをしようと思った動機のようなものを教えてもらえると嬉しいです。

関口　僕の家が保育園をやっているということもあり、子どもが好きだったのがこれを始めたきっかけです。遊び方や遊びやすさというのが、子ども以外の大人などによってデザインされてしまっているというのが現状であり、自分で新しい遊びや形というのを遊びの中でつくれる環境というのが実はないんじゃないかなと思ってこれを考えました。あと、滑るということを挙げても、とにかく速く滑りたい子もいれば、高いところから滑りたい子、長く滑りたい子もいます。このように、滑るというのも実は多様なのではないかということを今回の制作を通して気付きました。自分で遊びをつくれる、そしてそれで遊べるというのが同時に共存する環境が実はないのではないか、そういうものを可能にする仕組みをデザインすることができれば楽しいんじゃないかと思って、今回の制作をしました。

木下　これは制作をする以前に何度かワークショップのようなものをしているのですか？

関口　このワークショップ自体とは関係ないのですが、研究室のワークショップのようなもので子どもたちと何かワークショップをするというようなのはありました。

木下　今回は、制作時に子どもたちと制作をしたということですかね。

日野 最後に「遊び図鑑」というところまでまとめるのがすごく面白いことだと思うのですが、関口くんが図鑑の中で挙げている「床をつけよう」「はかる」「ねる」「さがす」などは、ワークショップを通して抽出されたものなのか、事前に関口くんがメニューとして用意していたものなのか、どちらですか？

関口 これは前者です。遊びに来た子にひたすら遊んでもらい、後日、それを観察した結果として「はかる」などの言葉を事後的に選択して遊びのインデックスとしました。

日野 でも、「床をつけよう」というのは事前に床をつけようとして、部材として用意していたわけですよね？

関口 もともと廃材としてストックされている場所があり、そこから子どもたちが遊ぶ時にピックアップするようにしました。最初はベッドなどにしようと思っていたのですが、床に張ろうということになり、寸法を測って切って張ったという感じです。

日野 なるほど。

32 「ロードサイド商業がまちを守る」瀬川未来

瀬川 この案は私が高校生の時に土砂災害が起きた地域を対象にしています。山と川があり、その間に町がつくられているのですが、そこへ近代になって大きな道が出来たことから住宅が増えました。そのことに都市計画的な視点での問題をすごく感じたのですが、これは、この地域だけでなく日本のどこにでも起こることではないかと思い、それを解決する方法として、自分なりに解決するためのルールを5つ考えました。そして、そこのバイパスの中で比較的大きくて立体駐車場がついているところを4つピックアップして設計しています。それは4つだけでなく、他の地域にもどんどん広がっていったら、ここと同じような風景をどんどん変えていけるのではないか。それを自分でも模索している最中ではあるのですが、そういうことを思って設計しました。この4つというのはスポーツ用品店などといった、地域の人から見れば小学校などよりもよく行くような場所で、それらが地域のためのものになったらいいなと思っています。あと、そういう場所のほうが気軽に行けるのではないかと。設計に関しては、具体的に中を設計したりリノベーションしたりという作業をしていません。そのほうが現実的なのではないかと思って、あえて外だけの設計になっています。

日野 資料の地図で見ると、氾濫時の警戒区域からちょうど外れているところがロードサイドの道になっているということですよね？

瀬川 そうです。

日野 ロードサイドの道がここにあるのはたまたまなのですか、それとも氾濫時に影響のないようなところに計画的に道を通したのでしょうか？

瀬川 それはわかりません。

日野 川からの氾濫時の警戒区域というのと、それとは別に、道を挟んだ反対側にも警戒区域のようなものがあるのですが、つまりこのロードサイドの道は高台にあるのですか？

瀬川 そうだと思います。たぶんここはもともと田畑だったので用水路が発達しており、そこの上をグルっと大きな川が周っているので、その影響かなと思います。でも、この地図は広島市が出しているホームページを使って自分で重ね合わせてみたものなのですが、これを都市計画の専門の方に聞いてみたところ、もう少し分析してみないと詳しくはわからないということでした。だから、ロードサイド店舗というのはすごく背の高いもので、マンションなどよりも屋上が開かれていると思ったのと、この地図の分析からロードサイドを選んだのですが、この地図を信じ切ってはいけないと思っています。

日野 わかりました（笑）。もう一つ別の質問です。災害時に大屋根やスロープがあれば役に立つというのはわかるのだけれども、これらが日常ではどのような良いことがあると考えていますか？

瀬川 つくったものに対して具体的なプログラムは入れていません。この場所は高齢化と車社会が進み、スーパーへ行きたくても大きな都市にスーパーが2店舗くらいしかないという問題もあり、最初は八百屋のような日用品を販売するようなところに大屋根やスロープでつくられた領域をつくることなどを考えていましたが、最終的に、日常的に毎日使われるというよりは、何かが起こりそうな場所に設計しています。

大西 着眼点がすごく面白いとみんな思っているのですが、実際にできている建築がどういう建築かわかりづらいというのがあります。災害用の機能をくっつけている建築について、それぞれの場をつくる時に気を付けたところや、それによって具体的にどう良くなったか知りたいです。

瀬川 大型店舗のプランとプログラムは周辺から考えています。例えば、4つのプランの中の1つに百貨店があるのですが、店舗などからテラスを出してスロープにつなぐような形になっています。通常は店舗内に休憩するところなどがあまりないと思うのですが、テラスのような場所ができることで、目的のない人も休憩に来られるようになっています。また、娯楽施設もあるのですが、その横に遊歩道があり、そこを囲むように場所をつくっています。お金を払って娯楽をするのが娯楽施設ですが、そうではなく、その周囲が公園のようになるようつくっています。スロープの下が日陰空間になっていたり、スロープも柱だけでなく壁で建ち上がるようなものになっていたりと、テニスのボール打ちや展示などもできるのではないかなと考えています。

木下 今そこは空き地なんですか、駐車場ですか？

瀬川 今は駐車場になっています。

木下 だけど、建物内にも駐車場があるんですか？

瀬川 そうですね。これはあります。

＊　　＊　　＊　　＊

システムを誰でもつくれるようなマニュアルとか応用できるかというところまで検討されていないところが気になる —— 木下

全国に進出する作品を決定

大西 出展者本人に聞くと想いが伝わりますね。

木下 4票入った3番「隔たりなき壁」で金賞はいいのでは？彼はまだ不十分なところもありますが、3作品の中ではそれなりに考えているし、改修部分もきちんとつくっていました。

大西 しっかりしていましたよね。

木下 4票が入っていましたしね。次の2作品については難しいですね。ただ、13番「建築と遊具のあいだ」は私が資料から理解したことと違った感じでした。ワークショップなどの積み重ねで出来たのかなと思っていたのですが、12月1日の1回だけ開催だったようですね。子どもたちも計画的にというよりはたまたま集まってきた子どもたちだったようで、もしくは、ご両親が保育園を運営しているということだったので保育園関係だったのかもしれませんね。というところで、近場でやったという印象でした。実作をつくったのは良いですが、金田先生が言われていたように、このシステムを誰でもつくれるようなマニュアルとか、応用できるかというところまで検討されていないところが気になります。計画がまだ詰め切れていないかなという印象ですね。

日野 それは全国に進んだらわかってしまうことかもしれません。ある程度考えてはいたのでしょうが、計画しきらずにスタートして、それをうまく自己分析したということなのでしょうね。それはとても面白い実験かもしれませんが、少し場当たり的と言うこともできます。

木下 ワークショップの後に図鑑まで仕上げるくらいのレベルにまでいけば面白かったのにね。日野さんが図鑑の話をしましたが、あれはすごいヒントだった。やっていればあふれんばかりに回答がどんどん出てきたはずで、そこをもっと展開できたはずという気がしました。一方で、投票しなかった32番「ロード

サイド商業がまちを守る」は提案したものをさらに展開させる視点があるので、全国に行ってもある程度面白みを理解してくれる審査員はいるんじゃないかなという気がしました。

日野 もう少し話を補強できそうな気はしましたね。都市計画的な話を補強すると、ここだけでなく他の地域でも、比較的に安全な地域につくられた道路にロードサイドショップがつくられている現状がもしあるとすると、この案の意味がグッと上がります。模型がもの足りない印象でしたが、実物を見るとまた印象が違うのかもしれないという気はしました。

金田 岩手県釜石市でヨコミゾマコトさんの文化会館「釜石市民ホールTETTO」をつくっている時も、文化会館の敷地が更地なのに対して、イオンはもうすでに機能していました。復活のスピードは資本の論理で動いている人たちのほうが速いので、32番「ロードサイド商業がまちを守る」のように、それをいかに非日常に活用するかという視点は面白いと思いますね。ただ、せっかく建築家なのだから、彼女が介入することで日常が少し良くなるようなことまで考えて欲しいとは思いました。

日野 提案として広場をつくるのもいいのですが、広場があっても人が少なくて寂しい街である、そこをなんとかしなくてはいけないのではという疑問はあります。そのへんも含め、もう少しプレゼンテーション的に補強はできそうかなと思いました。13番「建築と遊具のあいだ」は良くも悪くものびしろは少ないかもしれません。

金田 図鑑がウリだったら面白かったんですよね。

木下 日野さんの話はすごいヒントだったし、彼はそこにもっと力を入れるべきだったと思ってしまいました。

司会 それでは、3番「隔たりなき壁」が金賞、32番「ロードサイド商業がまちを守る」が銀賞、13番「建築と遊具のあいだ」が銅賞に決定しました。

［総評］

木下 庸子

　2019年度のJIA神奈川主催の学生卒業設計コンクールは、残念ながらパンデミックの影響で展覧会は中止、書類選考による審査のみが行われる結果となった。Ａ３の図面２枚のみから読み取れる内容には限界があり、いかに我々が模型を、日常的な情報源として、また制作者もコミュニケーションツールとして頼りにしているかをつくづく認識させられた。最終選考の過程では上位賞の対象者にそれぞれ電話インタビューを行った。予期せぬ企画にも学生たちの応答はしっかりしたものであった。

　金賞は神奈川大学の坂本理久くんの「隔たりなき壁」が受賞した。徳島県美波町の海添いに高潮対策として計画されている防潮堤を再考し、土木と建築を融合させるという重要なテーマである。防潮堤の周辺には交通の結節点や漁港、地域の活動の場所などを設けて人々が集うことができる街並みと、景観形成を大切にした力作であった。

　銀賞は横浜国立大学の瀬川未来さんの「ロードサイド商業がまちを守る」に決定した。実際の災害時に被災を逃れた広島のロードサイドに着目し、日常的に住民が訪れ親しんでいるロードサイド沿いの駐車場付き大型商店に５つの附置義務を設けることで震災時には復興の拠点になるよう、街を守る事前復興の仕組みの提案である。リアリティと説得力のある提案として評価された。

　銅賞は「建築と遊具のあいだ」という慶應義塾大学SFCの関口大樹くんが受賞した。形の生成方法をデザインし、フィールドワークにより自然の木や板の部材を用いて、子どもたちとのインタラクションを交えながら遊具を制作する過程のドキュメンテーションである。子どもが自発的に遊びを誘発することができる実践的プロセスへの取り組みであった。

　全体の印象としては、震災復興をテーマとした制作が今年も目立った。同時に、社会的意義を見出そうとする提案も印象的だった。これは現代社会の中で建築のあり方に対して、建築家を目指す若者からのメッセージといえるかもしれない。

［金賞
「隔たりなき壁」］
神奈川大学 坂本理久

日野 雅司

　この提案は津波や高潮の危険度の高い「徳島県美波町」において、現在建設中の防潮堤に対する対案として構想されている。防潮堤は防災・事前復興として必要な土木構築物である一方、景観や自然の破壊、海岸における生業・生活との不調和といった諸問題を抱えている。この計画は、防潮堤と建築を一体的に整備することで、そういった問題点を解決しつつ、海岸を人間の手に取り戻すことを提案している。

　提案の中で注目すべきは、防潮堤を建築と融合させるために、細やかにクランクさせていること、防潮堤の「高さ」を利用して立体的な人の動きを生み出している点である。本来、ネガティブな分断要素として扱われる防潮堤に少し手をいれつつ、地元民や漁業関係者、観光客といった登場人物たちの交差点のような場所に変換している。既存建築をクリアランスせずに計画に取り込んだのも正解と思われる。その丁寧なコンテクスト読み込みとアイデア、新しい空間のつくり込みは高く評価できる。

　東日本大震災から９年が過ぎ、東北地方の復興が一段落しようとしている今、震災からの反省や学びを総括するべき時期が来ている。人口減少や高齢化などの問題を抱える日本の地方において、防災はそれ単体の問題ではなく、地域の未来を含めた総合的なテーマとして、建築に携わる人々が取り組むべき課題である。

銀 賞
「ロードサイド商業がまちを守る」
横浜国立大学 瀬川未来

金田 充弘
（代筆：小山 将史／JIA神奈川）

本作品はプレゼン方法とアプローチの仕方が評価のポイントとなった。建築不在の地方の商業を敵対視するわけではなく、価値の変換によって商業施設を災害拠点へ変えることで、地域に対してプラスの存在とする提案内容である。

ただ、審査会で議論となったように建築の提案としては弱い。一方で、大味なデザインの既存の建物に対して、あえて大味なデザインで上塗りしていると考えると、簡素なデザインによって、伝えたいコンセプトのみを強調する彼女の戦略だったとも考えられる。既存の建物を乗っ取ったようなイメージにも見え、表現方法としても興味深い。また、災害時の人間は、大きな建物に集まる習性というようなものがあるのではないだろうか。その背景を含め、ロードサイドの大型施設を利用した本作品のコンセプトが、審査員たちに自然と受け入れられたとも考えられる。

今後の展開として2つ考えるべきことがある。5つの原則である大屋根、大きなスロープ、地域を見る窓、給水塔、屋上庭園の形状が定義されていないのが自由度を高める要素である。しかし、大屋根とスロープの関係性を一緒に考えていくと良かった。また、大きなスロープが上へ上がっていくにつれ、下に空間ができるので、スロープ自体を大屋根にすることもできる。スロープが屋上公園のようになると、建築としてはより面白いものができあがっていたのではないだろうか。

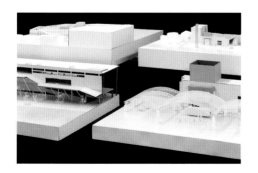

銅 賞
「建築と遊具のあいだ」
慶應義塾大学SFC 関口大樹

大西 麻貴

「あそび」とは魅力的な言葉である。あそびという視点から、建築を捉え直してみると、一体どんな建築が考えられるだろうか。子どもたちにとっては、私たち大人が何気なく見過ごしているガードレールや、ちょっとした段差、大きく枝を広げる木々や道路に引かれた線など、あらゆるものがあそびのきっかけになる。そんな風に、あそびから建築を考えて見ることで、機能からはおよそ想像のできない、新しい空間が出来上がるのではないだろうか。

この提案は、子どもたちと一緒に公園にあそび場をつくる提案だ。木の棒をさまざまな形に組み合わせていくことで、まさに建築と遊具のあいだのような、大きな立体的空間が出来上がり、子どもたちは自らあそびを考え、自分の力で場をつくっていくことができる。安心や安全といった守らねばならない事柄も、子どもたちの想像力を制限したり萎縮させたりするのではなく、ゲームのルールのような感覚で設定され、それを守っていればある程度の危険性は免れられるという、柔らかいやり方で決まっている。何より本人が子どもたちと一緒に体を動かし、建築が生まれていく楽しさや、誰もが建築に参加できるという開かれた感覚を、最も肌で感じたのではないだろうか。そうしたプロセスのあり方全体が、審査員に評価された。

木下賞
「継承・看板建築」
明治大学 寺澤宏亮

木下 庸子

「継承・看板建築」と題する明治大学の寺澤宏亮くんの作品を木下賞として評価した。景観という、定性的でもあり、評価が難しいテーマにチャレンジした案である。2005年に施行された景観法は、それ以前の建築基準法や都市計画法に比べて法の拘束力は少ない。しかしながら、建築基準法や都市計画法による建物の種別や容積や高さでの規制が、「景観」をコントロールする手段としては限界があったことが、景観法の成立に大きく影響したといえる。

　寺澤くんの提案は、実際の商店街の街路を対象として、「ファサード」という建築要素を景観形成の手がかりに、街路に面した建築の「保存」と「更新」の仕組みを考えた案である。スクラップ・アンド・ビルドに代わって街をどのように更新していくか、今後ますます増えることが予測される建築物の改修と、それに関する景観形成とに同時にチャレンジしている。リサーチを基に、保存と更新の仕組みを用いて6つのケーススタディを行うことで街並みを形成しようという試みは、景観をコントロールする一つの有効な手段となり得るであろう。しかしながら、保存と更新の仕組みにより創出される街並みのヴィジョンが見えづらいことが惜しまれる。提案された6つのケースにより更新される街並みが目指す将来像がここでは鍵であり、それが明確化されていないのは残念である。とはいえ、今後建築家がますます関わるべき職能領域として有意義な提案であることは間違いない。

金田賞
「西戸部の笠」
東海大学 前川凌

金田 充弘
（代筆：小山 将史／JIA神奈川）

基壇と屋根が建築的に面白い作品である。基壇にまたいで屋根を架けている点など、建築的操作がうまい。しかし、ストーリーやアプローチの仕方が悔やまれる。特に惜しいのが既存の基壇を生かした計画になっていない点であり、新しく基壇を一部造成などもしている。大屋根を架けるとしても、下に既存の建物がないと破壊的な建築行為になるため、審査員らにはその点が大きな介入に見えたかもしれない。既存の基壇の中から問題箇所のみ解決する、基壇をまたいで架ける屋根は既存と既存の隙間のみにするといった設定をすると、リアルで小さい介入に抑えられたはず。

　一方で、坂道で基壇のある地域というのは建て替えがしづらいという現状がある。接道条件の悪さから空き家になる可能性が非常に高い。そのような問題のある地域に対して、シェア畑という提案だけでは説明が足りない。既存の基壇を整備するルールや解体する空き家の条件を決め、解体されて空地となった場所を畑にするという流れを説明すると理解がしやすい。また、屋根と基壇のデザインに対して、いろいろなパターンをつくり、エリア全体を開発するというコンセプトにすると、より面白い案になったかもしれない。

　基壇は視線をつなげる一方で、行動を抑制する要素である。近くにあるものを分けて使うようなプログラムなど、基壇だからこそできることをストーリーに取り込んで考えても良いだろう。

日野賞
「空間を食べ比べるように」
東海大学 佐々木大樹

日野 雅司

　この提案は東京都文京区の大通りに囲まれた街区、いわゆる「ガワとアンコ」と呼ばれるような、通り沿いだけが高容積率の建築に建てかわった地域を計画対象としている。その「アンコ」にあたる部分を、よりヒューマンスケールで微細な変化に富んだ建築へとリデザインしており、それはあるルールの中で細やかな多様性をもつバナキュラーな集落のような印象を持っている。

　集落が自然発生的であるかのように見えて、実は部分と全体の規範や計画を持っているように、この提案は微細な変化のルールをデザインすることで、統一性と多様性を同時に計画するための思考実験だと捉えることができる。そしてその微細な環境の違いにより、人々の行為や出来事の変化を誘発しようという、意欲的な点も評価できる。

　そういった見方をすると、ここで扱われている微細な環境の差異が、白い空間のスケールやプロポーション、空間同士の連続感や光といった抽象性の高いデザイン言語の中で組み立てられている点については、さらなる踏み込みへの期待を抱かせる。工法や材料、構造はこれらのルールに参加する可能性はないか。また長いタイムスパンの中で、どういった変化が許容され得るのか、といった視点も可能かもしれない。この提案は、見る人にそういったさまざまに思いを巡らせる「刺激」を与える建築である。

大西賞
「人間の還る場所」
関東学院大学 牧迫俊希

大西 麻貴

　ドローイングが大変美しい提案であった。作者は、「自然と人間を、別のものとして対峙させるのではなく、一体のものとして捉えられるだろうか。そのような感覚で建築を考えることはできるだろうか？」と問いかける。木々が育ち、風が流れるように、自然の生きた営みの中に、人間がつくる建築はどのように参加できるだろう。難しい問いである。答えはまだない問いとも言える。

　彼はその問いへの一つの答えとして、山そのものを建築と捉え、風景を「味わう」ための場をたくさんつくることを提案している。それは小さなトンネルを掘ることだったり、道をつくることだったり、通常であれば「建築」とは呼ばれないようなものの集合でできている。ただ、それらが組み合わされることによって、風景に人間を介した意志が加わるのである。それらは優しく、自然に対して親しみの湧いてくる意志で、決して暴力的ではない。私たちが本来持っていた感覚を、揺り動かし浮かび上がらせるような意志である。そうした彼の建築のつくり方自体が、何かこれからの建築のあり方を予感させるもので、大西賞とした。

Prize-winning Works

隔たりなき壁
―徳島県美波町における防潮堤とその周辺の提案―

坂本 理久 *Sakamoto Riku*

神奈川大学 工学部 建築学科 曽我部・吉岡研究室

01 建築と土木

現代において、建築と土木が融合しているものはほとんどない。左の写真の土木の代表である防潮堤は災害から人を守ることはできるが普段は景観を悪化させ、生活環境を低下させている。しかし、建築と土木が融合し、考えることでどちらの良さも引き出すことができる。この提案では一体化を実現させ、建物や空間といった建築と防潮堤という土木が混じりあっていることで新しい建築の形と大小異なる空間づくりを実現させる。そして、普段の生活の質を向上させながら災害からも守ることのできる防潮堤を提案する。

02 概要

大浜海岸
日和佐川
防潮堤 ▮ 計画敷地 S=1:10000

場所：徳島県海部郡美波町日和佐浦
人口：約6430人（美波町）
観光：薬王寺、ウミガメ
産業：観光業、水産業など
地域課題
・町への愛着の希薄化
・景観意識の低下
・建物老朽化　　　　など

03 ダイアグラム

-防潮堤計画-

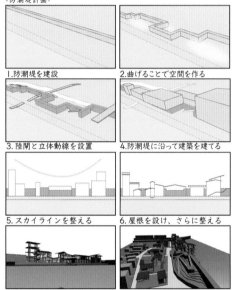

1.防潮堤を建設
2.曲げることで空間を作る
3.陸閘と立体動線を設置
4.防潮堤に沿って建築を建てる
5.スカイラインを整える
6.屋根を設け、さらに整える
7.奥行きをつける
8.防潮堤前に建築群が並ぶ

04 図面

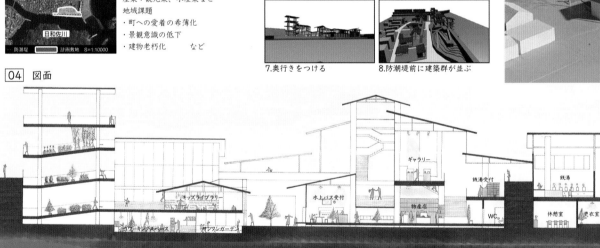

キッズライブラリー
コワーキングスペース
セブンガーデン
水上バス受付
物産店
ギャラリー
銭湯受付
WC
銭湯
休憩室
更衣室

寄り道
ライブラリー
陸閘通路
カフェ
ライブラリー
キッズライブラリー
コワーキングスペース

B-B'（B：居場所の棟）断面図

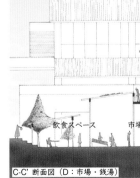

飲食スペース
市場

C-C'断面図（D：市場・銭湯）

設計趣旨 現在徳島県美波町日和佐浦地区では高潮対策のための防潮堤が建設中である。本提案では津波対策のための防潮堤を設け、防潮堤が完成した後もまちの景観の一部となり、地域課題が解消される防潮堤のデザインとその周辺について提案し、新たに交通の結節点や漁港、地域の活動場所などを設けたいくつかの建築を設計することで人の寄りどころとなる小さなまちを形成させた。また、これからの建築を大きく変えていく手段として建築と土木の一体化があげられる。

この提案では一体化を実現させ、建物や空間といった建築と防潮堤という土木が混じり合うことで新しい建物の形と大小異なる空間づくりを実現させている。

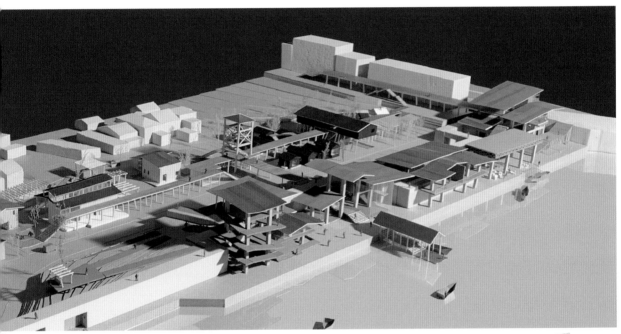

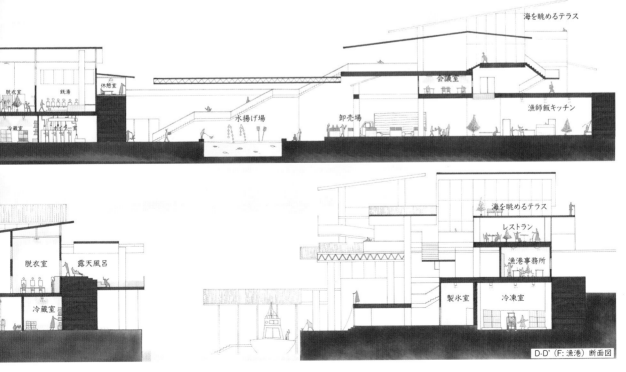

海を眺めるテラス

脱衣室　銭湯　休憩室　会議室　漁師飯キッチン

冷蔵室　水揚げ場　卸売場

脱衣室　露天風呂

冷蔵室

海を眺めるテラス
レストラン
漁港事務所
製水室　冷凍室

D-D'（F：漁港）断面図

半外部空間
内部空間

駐輪場・寝転がりテラス
駐車場（デイサービス）

会議室
休憩
井戸端テーブル

食事場
キッチン
催しステージ
みんなの家
一息軒下

インフォメーション

デイサービス

オフィス

駄菓子屋

寄り道ライブラリー

ライブラリー

水上バス受

コワーキングスペース

±0
+400
-500

船の

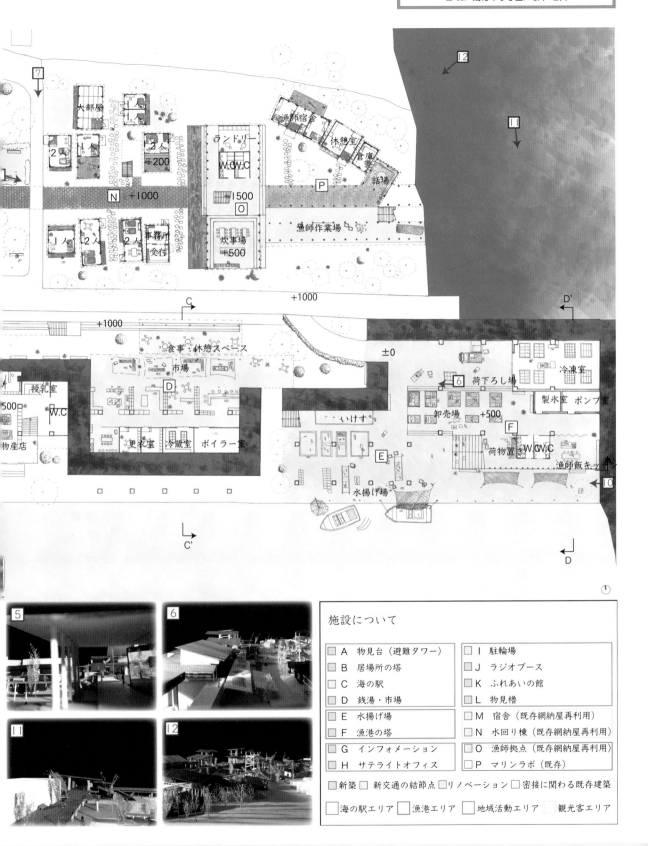

施設について

☐ A 物見台（避難タワー）	☐ I 駐輪場
☐ B 居場所の塔	☐ J ラジオブース
☐ C 海の駅	☐ K ふれあいの館
☐ D 銭湯・市場	☐ L 物見櫓
☐ E 水揚げ場	☐ M 宿舎（既存網納屋再利用）
☐ F 漁港の塔	☐ N 水回り棟（既存網納屋再利用）
☐ G インフォメーション	☐ O 漁師拠点（既存網納屋再利用）
☐ H サテライトオフィス	☐ P マリンラボ（既存）

☐ 新築	☐ 新交通の結節点	☐ リノベーション	☐ 密接に関わる既存建築
☐ 海の駅エリア	☐ 漁港エリア	☐ 地域活動エリア	☐ 観光客エリア

Q. 模型の注目ポイントを教えてください。

A. 素材選びには時間をかけました。部材や材料によって素材や色を変えながらも作品全体が乱雑にならないようにし、広範囲となる敷地の中でのまとまり感は模型で検討を何度も行っており、全体の一体感が1番のポイントです。

銀　賞

ロードサイド商業がまちを守る
ロードサイド型店舗の改築による災害拠点の創出とまちづくり

瀬川 未来 *Segawa Mirai*

横浜国立大学 理工学部 建築都市・環境系学科 建築EP AD系

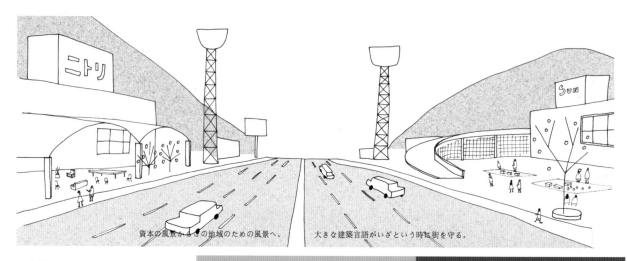

資本の風景からこの地域のための風景へ。　　大きな建築言語がいざという時に街を守る。

■Proposal

メガ店舗＋5つのルール

1　大屋根	2　大きなスロープ
大型店舗の駐車場に大屋根をかける。大屋根は多くの人や様々な活動を許容する懐の広さを持っている。大型トラックでも入れるような高さを持ち、バイパスから物資を運ぶ車を迎えいれる災害拠点となる。	高台に逃げ込む装置として街に急に表れる。スロープは劇場的な場をつくり領域をつくっていく。

立体駐車場付きの店舗＋五つのルールでロードサイド型店舗を災害拠点に変える。プログラムはなく、装置のようなもの。目的があって行く店舗を普段から行ける公園のような場所に変えていく。

車寄せ
市場
支援物資の搬入

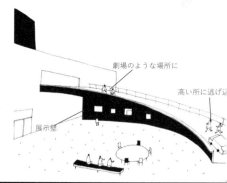

劇場のような場所に
高い所に逃げ込
展示壁

■Research

敷地	広島市安佐南区緑井・梅林・八木地区

広島市は山と川で街の骨格が作られている
広島市中心地で形成されるデルタの中流

背景	ロードサイド商業は資本の論理で街と無関係に作られている

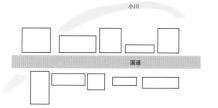

設計趣旨 ロードサイド商業は近代化により広まり、日本の郊外の風景を壊してきたと言われている。しかし日本のあらゆる地域にある、大きく目立つ建物だからこそ、災害の多い日本の多くの地域を守ってくれるポテンシャルを持っている。敷地は広島市安佐南区緑井・梅林・八木地区。2014年に大きな土砂災害があった地域である。立体駐車場付きのメガ店舗に5つの附置義務を設けることによって4つのメガ店舗を災害からこの街を守るものへと変化させる。

新しく災害のための建物をつくるだけでなく、今あるそのロードサイド商業のポテンシャルを伸ばすこと、その新しい合理性と価値の逆転が多くの人々を救うかもしれない。

■Concept

街と無関係に作られていたロードサイド

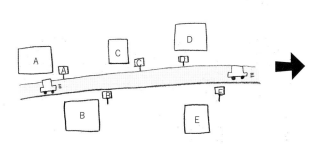

災害から街を守る建築群に

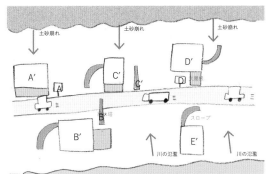

3　地域を見る窓

物販を置く箱として作られたロードサイド型店舗に窓を開ける。

物の居場所から人の居場所へ。光や風を取り入れ、居住性を高めるための一歩。

雄大な山や川、流れる車をみることができる、高台の窓。

4　給水塔（→エネルギー源）

広告のための看板が立ち並ぶロードサイドに給水塔も加わる。

地域のなかでのアイコンとなって遠くからでも見える。

看板であり、水をためる役割も持ち、避難の目印ともなる。

5　屋上公園

屋上にあって、大きくて、みんなに開かれている。

川が氾濫し、もし島のように孤立しても、ヘリコプターの助けを待つことができる可能性のある屋上駐車場を公園に変える。

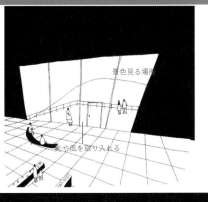

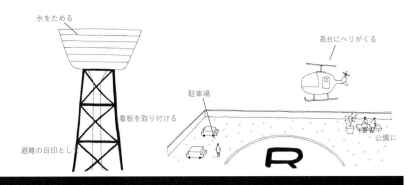

歴史と無関係に街が作られ、起こった2014年の土砂災害　分析

近代化の過程で、土砂災害も川の氾濫も起こるという歴史が伝えられないまま、バイパスや鉄道が整備され、多くの住宅が山を蝕むように作られてしまった。このことが土砂災害の原因の一つだった。

バイパス沿いは土砂災害からも川の氾濫からも比較的安全である。ロードサイド型店舗は大きく、目立ち、バイパス沿いにあったり屋上が開かれているので災害拠点となるポテンシャルを持っている。

凡例:
土砂災害警戒区域
氾濫時の警戒区域
緊急避難場所
店舗

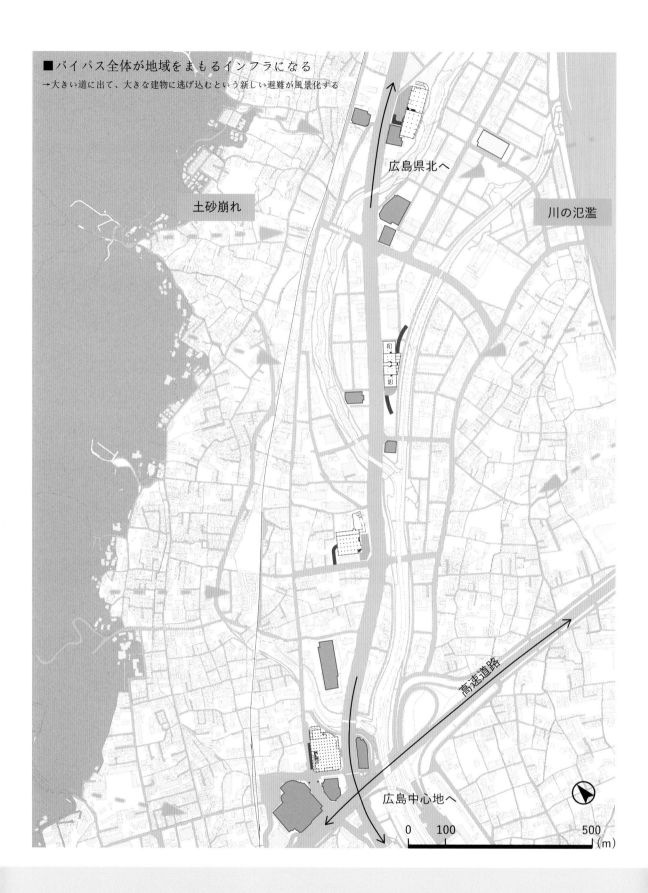

■バイパス全体が地域をまもるインフラになる
→大きい道に出て、大きな建物に逃げ込むという新しい避難が風景化する

土砂崩れ

広島県北へ

川の氾濫

高速道路

広島中心地へ

0　　　100　　　　　　　500
　　　　　　　　　　　　（m）

■日常も災害時も、大型店舗がもっと地域のための建築になる

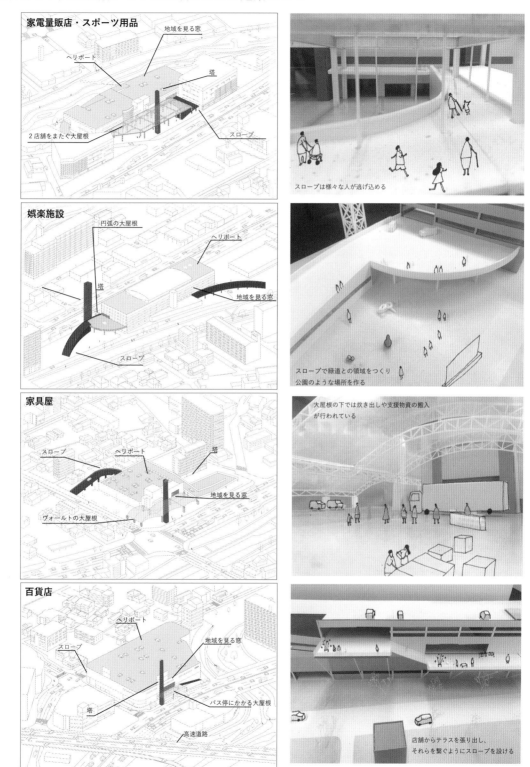

家電量販店・スポーツ用品
地域を見る窓
ヘリポート
塔
2店舗をまたぐ大屋根
スロープ

スロープは様々な人が逃げ込める

娯楽施設
円弧の大屋根
ヘリポート
塔
地域を見る窓
スロープ

スロープで緑道との領域をつくり公園のような場所を作る

家具屋
スロープ
ヘリポート
塔
地域を見る窓
ヴォールトの大屋根

大屋根の下では炊き出しや支援物資の搬入が行われている

百貨店
ヘリポート
スロープ
地域を見る窓
塔
バス停にかかる大屋根
高速道路

店舗からテラスを張り出し、それらを繋ぐようにスロープを設ける

Q. 模型の注目ポイントを教えてください。

A. 大型店舗の既存が1/100と1/300のもので4店舗あり、それを見るとロードサイド型店舗の特徴がよくわかります。もともとの既存が大きいので、既存だけでも大きくつくるのが大変でした。

建築と遊具のあいだ
子どものやってみたい「あそびかた」を実現可能にするあそび場

関口 大樹 *Sekiguchi Daiki*

慶應義塾大学SFC 環境情報学部 環境情報学科 松川昌平研究室

本制作では子どもたちが事後的に自分たちのやりたいあそびを実現できるあそび場環境の構築を目指した。「あそびかた」やその「かたち」は子どもたちにつくってもらい、安全につくれるかたちの生成方法をデザインし、この2つの相互作用によってつくられるあそび場のデザイン・システムの構築を試みた。本制作をきっかけとして、子どもたちの多種多様なあそびを実現可能にする新たなあそび場環境を社会に実装することを目標にしたい。

設計趣旨 藤沢市少年の森をフィールドとして建築と遊具のあいだのようなあそび場を子どもたちのインタラクションを交えながら制作している。近年は安全などを理由に、危険がある遊具は撤去され、設置される遊具は画一化の一途をたどっている。子どもたちがやりたいあそびを実現する余白を残した場所や遊具は失われつつあるのが現状だ。

本制作では少年の森で拾うことのできる間伐材や板材などを部材として使用し、子どもたちがやりたい「あそびかた」を実際につくり、あそんでみるという実践的制作プロセスをとる。「子どもたちがあそび建築家であり、あそぶ人でいられるような場所」を実現可能にするための仕組みや方法論による新たなあそび場環境の構築・提案を目指す。

かたちの生成アルゴリズム
一本の部材が折れても部分的な崩壊がおこらない (冗長性をもつ) 部材の生成方法

冗長性をもたせる生成アルゴリズム

三角形を構成してる部分を
ノード (●) として示す

ループ2

ループ1

ノードがループしている = 冗長性がある状態

冗長性のある生成方法に従い、子どもたちのやりたいあそびかたやかたちをつくることで 、あそびの中で仮に部材が折れたとしても部分的な崩壊が起こらないようになる。「あそびかた」やその「かたち」をトップダウン的にデザインするのではなく 、かたちをつくる方法 (アルゴリズム) をデザインすること、その生成方法をもとにすることによって子どもたちがつくりたいあそびを実現することが可能になる。子どもたちとのインタラクションやあそびを通しながら、アルゴリズムや構法などもどんどんアップデートしていきたい。

生成プロセス例

例えば、× の部分が折れても、三角形の部分が剛接合のように機能するので部分的な崩壊は起こらない。一方で、構造体全体の状態は**維持状態**になり、黄色の区間が折れると崩壊が起こる。維持状態では冗長性を持たない区間 (部材) が発生するので、子どもがあそんでいる時に折れてしまうと危険。なので、新たにループをつくるように部材を生成することで安定状態をつくる。

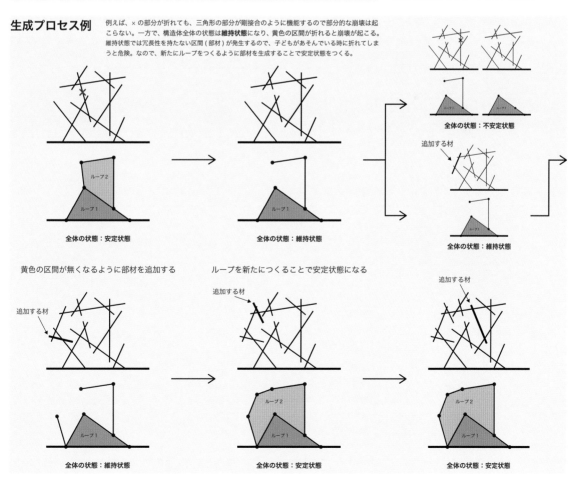

あそびの観察・記述
観察シートとあそび図鑑・レシピ

子どもたちのやりたいあそびを実現するには、子どもたちがどんなことを考えているのかという子ども環世界を観察する必要がある。それらをあそび図鑑（レシピ）として記述することで子どもたちの思考を外部化することが可能になる。また、あそび図鑑や制作風景などを社会に発信していくことで子どもた

ちや親たちが持っている「あそびのフレーミング」を広げたい。「これもあそびの1つなんだ」という気づきを共有すること、それを可能にする空間・環境の作り方や仕組みのデザインが重要になる。実空間にとどまらず、情報環境や社会環境なども活用していけるプラットフォームの実現を目指したい。

あそびの様子を観察する

個人カメラ

こども：ここにつけるー
関口：じゃあ、ここでつけようか

定点カメラ

子どもたちが考えていることやどんなあそびをやりたいのかなどの「あそびの様子」をカメラを用いて観察する。

観察シートに記述

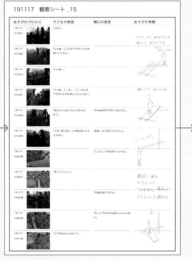

観察された子どもの発言やあそびの様子、あそびの考察などの一次情報を制作日ごとに観察シートに記述し、まとめる。

あそび図鑑として記述

観察シートからあそびの情報を抽出し、あそびのアーカイブ＋レシピとして記述する。これまでに30のあそびかたが記述された。

かたちの成長プロセス
Growth process of form

子どもたちとのあそびの中でかたちを成長させていく。成長させているプロセスには木材（構造材）を追加して構築物を大きくすることはもちろん、あそびに必要なくなった場所の木材を取り外して構築物を小さくすることも含まれる。かたちをつくる時に子どもたちのやりたい「あそびかた」が反映される。

どんなモノをつかうのか。例えば木材でもいいし、板材、ネット、落ちていた葉っぱでもいい。それを構築物のどこにつけるのか。高さは？角度は？長さは？などの変数1つ1つに子どもたちの意思が表れ、「あそびかた」が「かたち」に反映されるようなプロセスになっている。

Q. 模型の注目ポイントを教えてください。

A. 1／1スケールで本制作を行いました。子どもたちの身体スケールから生まれるリアルなアクティビティを観察することができ、実際にあそびをつくることが可能になります。子どもたちとのインタラクションから解像度の高いフィードバックが得られ、それは次の制作手法の再考に生かされる。この循環によってより良いあそび場の構築が可能になります。

木下賞

継承・看板建築
―ファサード保存の二元論を解除する―

寺澤 宏亮　*Terazawa Kosuke*
明治大学 理工学部 建築学科 建築史・建築論研究室

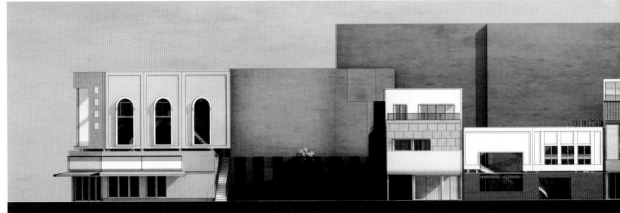

継承・看板建築　ファサード保存の二元論を解除する

設計趣旨 本設計は、地方都市の商店街の看板建築に、丸の内などで行われているファサード保存の手法を適用する実験的な試みである。装飾された看板建築の立面は街の記憶として保存され、その表層の裏では建物の更新が個別で繰り替えされる。街は複層的な奥行きをつくりながらモノとしての時間を履歴として残していく。そんな情景を描くため

のケーススタディを6つ行った。ケース01と02では既存の立面の保存と裏手の改築、ケース03〜06では街の立面の欠損部に立面と新たな用途を新築した。
これらの試みは、相反するものとして扱われてきた建築の「保存」と「更新」という二項が、ひとつの街や建物の中に積極的に同居していくような継承設計のリアルなあり方を示す。

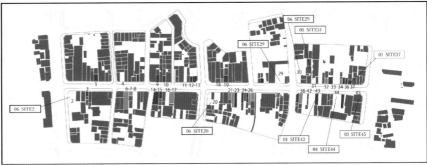

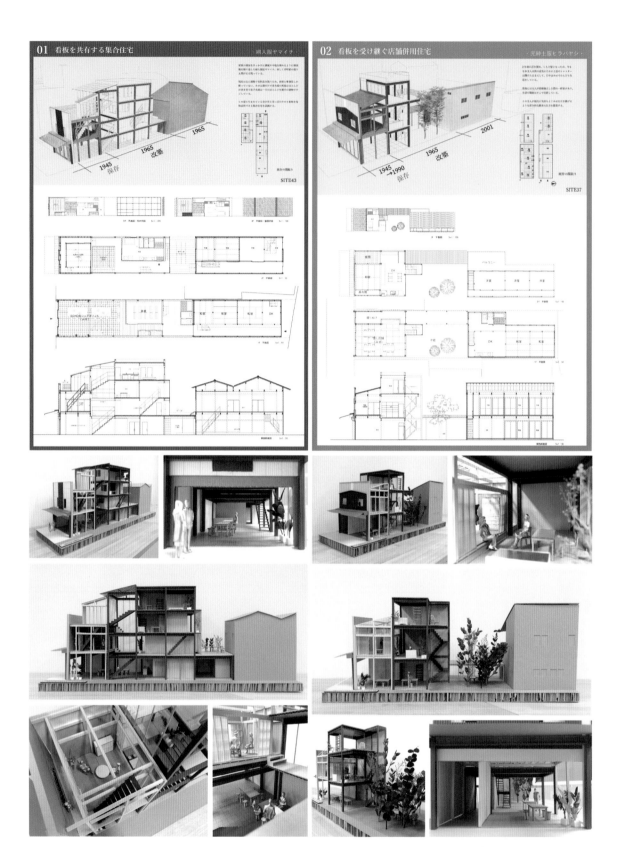

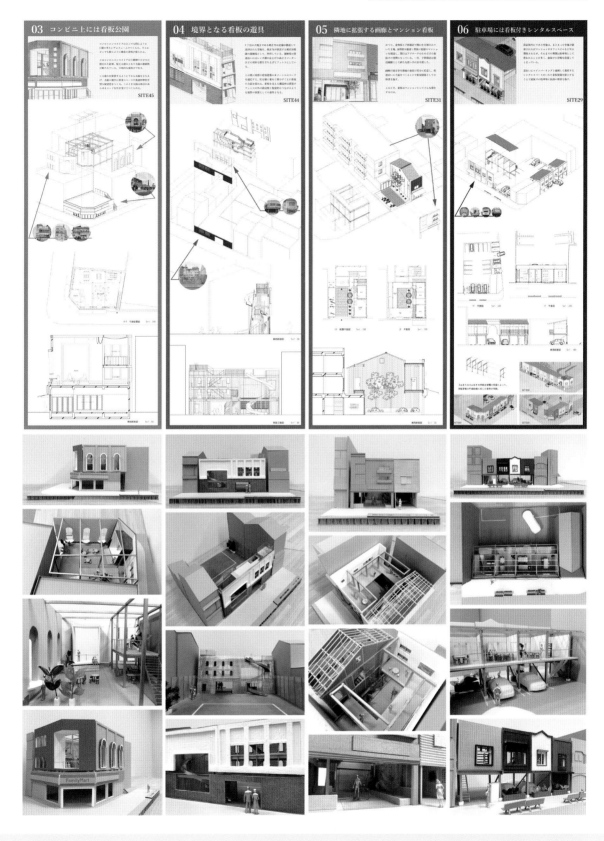

03 コンビニ上には看板公園　SITE45

04 境界となる看板の遊具　SITE44

05 隣地に拡張する画廊とマンション看板　SITE31

06 駐車場には看板付きレンタルスペース　SITE29

Q. 模型の注目ポイントを教えてください。

A. ①街路にむけて建つ保存した立面、②立面を支える構造体とそれによってできている一定の幅路をもった空間、③そのさらに裏側につくられる町屋でないプログラムをもった新しい空間の利用。これら3つが層状になって、段階的な空間の奥行きをつくっている様子が、6つの模型で共通して見られるのでご注目ください。

金田賞

西戸部の笠
―基壇のまちの拠点となる少量多品種的空間―

前川　凌　*Maekawa Ryo*

東海大学 工学部 建築学科 野口直人研究室

00. 都市に忘れ去られたまち ―――― 設計背景

都市の縁辺部には、多摩ニュータウンのような衛星都市や郊外都市とは異なり、開発が進む都市部の中に忘れられたように存在している未整備の地域がある。

01. 都市の縁辺部に存在する西戸部 ―― 調査

自身の地元である西戸部町は横浜市西区に属し、周辺の開発された地区に対して整備が行き届いていない丘陵地に存在する密集住宅街として、開港以来形を変えずに残ってきた。

02. 西戸部の課題 ―――――――――――― 調査

西戸部は、狭隘道路や急勾配な坂・階段が原因で空き家が増加し、また傾斜地であるためアクセスが悪く、拠点となるような公共施設が不足している。

03. 西戸部の地形的魅力 ―――――――― 調査

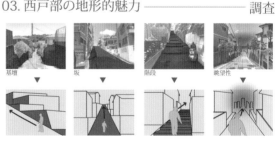

西戸部には、傾斜地特有の要素である基壇や擁壁・坂・階段・眺望性などの要素が点在しており、様々な空間体験ができる。　　　　　　―→ 西戸部の基壇に着目

04. 基壇とは ―――――――――――――― 調査

建物を建てるための壇のこと。傾斜地に住宅を建てる際に、水平をとるため切土や盛土を用いて基盤をつくる。

設計趣旨 都市の縁辺に存在する西戸部は密集住宅街として現在まで残ってきた。そのためアクセスの悪さや拠点の不足が課題となっている。一方で、基壇や坂道などの地形的魅力も存在する。このような地域の諸問題を解決し、なおかつ価値が増幅するような小さな拠点が必要と考える。計画地には流動性を高めるための交通、拠点性を高めるための畑、それらに関連する機能を少量多品種的に取り入れる。基壇を細分化し、屋根を架けることでアクティビティが緩やかにつながり、計画地はより活気に溢れる。室内では外部が介入するため、基壇のレベル差を感じる。まちの個性をポジティブに捉え設計することで、基壇のまちのこれからの在り方を考える。

05. 西戸部に必要な機能 ——————————————————————— 機能

Ⅰ. 交通システムの介入によるアクセシビリティの向上 ———— 交通

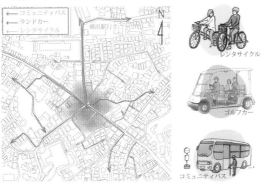

西戸部に小規模な単位の交通機関を介入させ、拠点性を高めることでアクセシビリティが向上し、人や物などが流動的になる。

Ⅲ. 少量多品種的に入る機能

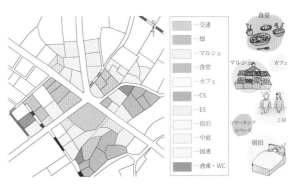

- 交通
- 畑
- マルシェ
- 食堂
- カフェ
- CS
- ES
- 宿泊
- 中庭
- 図書
- 倉庫・WC

交通と畑の機能を中心に小さい単位の機能が複数集まり、それらがパッチワーク状に拡がる。西戸部のまちにあった少量多品種的な場が生まれる。

Ⅱ. 横浜市で唯一農地のない西区 ————————————————————— 畑

■広がる「横浜農場」の動き

横浜農場とは、市内農畜産物をPRするものである。また西区は横浜市の中で唯一農地が存在しない区であり、新たに農地を置くことは必要である。

■行政区別の農地面積

区名	面積(ha)
泉区	420.8
都筑区	355.1
青葉区	320.5
緑区	312.4
戸塚区	286.4
旭区	280.5
瀬谷区	228.8
港北区	210.6
神奈川区	187.1
保土ヶ谷区	113.9
金沢区	84.3
港南区	45.5
栄区	27.1
磯子区	19.3
鶴見区	2.1
南区	0.1
西区	-

■横浜で採れる野菜

きゅうり　なす　里芋　大根　小松菜

じゃがいも　トマト　にんじん　ほうれん草　キャベツ

横浜市は神奈川県の中でも農業が盛んであり、特に上記の野菜が大半を占める。ビニールハウスで育てられる野菜や、実る季節に配慮してゾーニングする。

06. 基壇の設計 ————————————— 設計手法

■西戸部の基壇スケールを適用する

スケールから逸脱した基壇を既存を参考に設計する。

元の基壇のキャラクターを継承しつつ細分化していく。

500mmを基本単位に基壇が連なるように設計する。

■基壇の設計による効果　　■基壇の設計によりできる空間

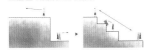

基壇により人々の視線やアクティビティが分断されてしまう。基壇を細分化することで、アクティビティが連続する。

基壇をまたいで屋根をかけることで空間がシームレスにつながり、外部が介入する。

07. 屋根の設計 ————————————— 設計手法

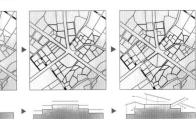

基壇を西戸部スケールに細分化する。

細分化した基壇の形状と同じ屋根を被せる。

様々な操作により屋根の形状を変える。

■具体的な屋根の操作

Ⅰ.勾配をつける　　Ⅱ.屋根を延長させる　　Ⅲ.基壇で屋根を支える

N

奥まった場所に建つ家と
敷地を結びつける階段

草壁を削り、階段状の空間をつくることで、
分断されていたレベル差が緩やかにつながる。

横浜駅方面へ

草壁を削ることで分かれていた空間が
屋根の下でシームレスにつながり、視線が
通る気持ちの良い空間が広がる。

畑で野菜を育て、調理し、食べるという一連の流れを
レイヤー状に感じることが出来る。

...車の軌道線
...人の道線
...視線の抜け
...太陽の光
...つながる領域

目の前でとれた野菜をその場で食べられる。

とれた野菜を出荷するためのトラックの
荷解きスペース。西戸部の野菜が全国へ出荷される。

畑

機能が少量多品種的に入り、パッチワーク状に活動が広がる。

平面図

西戸部で育った野菜を出荷する
ためのトラック荷解きスペース。

丘の頂上から颯爽と坂道を駆け下りる。
小さな規模の交通機関が生活を豊かにする。

住民が持ち寄り、不定期でフリマを行う。
賑わいが溢れ出し、町が賑わう。

シェア畑は初心者でも始められ、世代の壁
を越えて地域の関係性が強くなる。

A-A' 断面図

Q. 模型の注目ポイントを教えてください。

A. 本提案の重要な要素である、基壇と屋根に注目して欲しいです。基壇は提案の基礎となるためグレーで緊張感を、反対に屋根は軽やかに浮いて見えるように白の材料を使用しました。また、屋根に垂木を貼ることで西戸部の温かな空間がイメージできるように工夫しました。1,200×1,300×450という迫力のある大きさもポイントです。

日野賞

空間を食べ比べるように
小さな変化の連続が街をやわらかく繋げる

佐々木 大樹　*Sasaki Hiroki*

東海大学 工学部 建築学科 野口直人研究室

細かく空間を分けることで生まれる繊細な豊かさを新しい公共空間の形に

■空間の食べ比べ＝微細な環境の違いから生まれる活動の変化

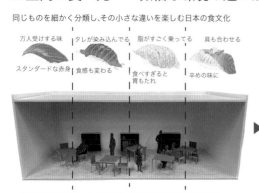

同じものを細かく分類し、その小さな違いを楽しむ日本の食文化

万人受けする味	タレが染み込んでる	脂がすごく乗ってる	具も合わせる
スタンダードな赤身	食感も変わる	食べすぎると胃もたれ	辛めの味に

■仮説：「食べ比べ」という行為を空間で設計することで繊
　　　細な出来事や行為の変化を起こせるのではないか？

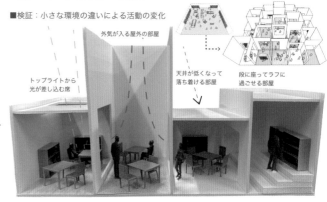

■検証：小さな環境の違いによる活動の変化

外気が入る屋外の部屋

トップライトから
光が差し込む席

天井が低くなって
落ち着ける部屋

段に座ってラフに
過ごせる部屋

自然光でゆったり本を読む　　天気が良い日に開放的に過ごす　　スタンダードな居方　　椅子とは違う体勢で集まれる

設計趣旨 細かく空間を分けることによって生まれる繊細な豊かさを新たな公共空間の形として提案する。「空間の食べ比べ」とは、一つの機能の中で空間を細分し、環境に小さな変化を与えることで居場所によって微妙に異なる活動の変化を起こすこと、と定義した。東京大学や中学校と隣接しているのに関係が弱く、日本特有のアン・ガワによって街区の内と外が分断されている文京区の向丘を計画敷地に選定した。体育館やカフェなど、ガワの建物のスケールと活動を内部に連続させつつ、徐々に変化させることで街の裏と表の活動をやわらかく繋げる。活動の連続が人々の新たな関係をつくり、内外で分断されていた街区は個別ではなく一体化した活動を広げていく。

■小空間の連続した関係で公共建築を設計する

手法：小さな違いの連続

●高さ

●奥行き

●床

●内外の切り替わり・トップライト

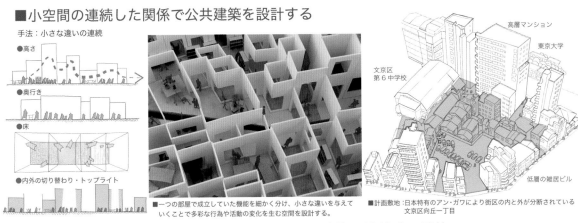

■一つの部屋で成立していた機能を細かく分け、小さな違いを与えていくことで多彩な行為や活動の変化を生む空間を設計する。

高層マンション

東京大学

文京区
第6中学校

低層の雑居ビル

■計画敷地：日本特有のアン・ガワにより街区の内と外が分断されている文京区向丘一丁目

■提案：人間のスケールで細かく連続し、周辺の建物と連続する建築

マンションやビルと連続

中学校と連続

部屋のスケールや屋内外が細かく切り替わることで徐々に他の活動に迷い込んでいく

中学生の通学路線

中学生の活動
飲食店テラス 雑居ビル

オフィスビル

飲食店▶図書館

地域主催のワークショップ
マンション住人の裏同線が側を通る
■開口の開け方で多様な関係性をつくる

L字　T字　十字

垂れ壁のみ　跨ぐ開口　腰壁が高い　足取りだけ　顔だけ

近隣の
生活動線

中学校2階のテラスを施設内に連続させていく

中学校

中学生の活動
クラブ活動▶図書館

体育館

体育館のフローリングがそのまま施設内に続く。中学校の活動を内部に引き込む

住居

飲食店街

マンション

マンション

雑居ビル

ホール
×図書館

マンション

ホール
×マンション

マンション

ダンススタジオ
図書館

商店ビル

雑居ビル

雑居ビル　商店ビル　オフィスビル　雑居ビル　カフェ　飲食店

中学生教室
×街の動線

高層ビルが立ち並ぶところは大きなスケールから始まり、徐々に低くなっていく

低層の商店が並ぶ場所には細かなリズムで空間を連続させる

建物と連続するプログラム
▶文化施設のプログラムに徐々に変化

マンションの動線と閲覧室が混ざる

地域の人々や大学生が集まる市場

車両も通せる地域のインフラ動線

地域の人々が集まる市場

大学生動線

地域のカフェの機能を内部に引き込む

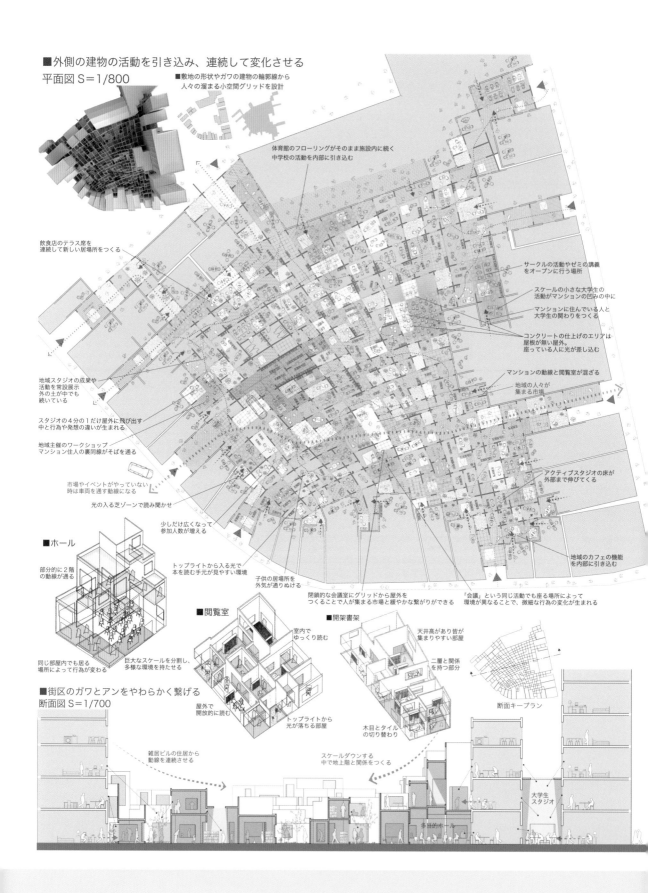

■外側の建物の活動を引き込み、連続して変化させる
平面図 S=1/800

■敷地の形状やガワの建物の輪郭線から
人々の溜まる小空間グリッドを設計

体育館のフローリングがそのまま施設内に続く
中学校の活動を内部に引き込む

飲食店のテラス席を
連続して新しい居場所をつくる

サークルの活動やゼミの講義
をオープンに行う場所

スケールの小さな大学生の
活動がマンションの凹みの中に

マンションに住んでいる人と
大学生の関わりをつくる

コンクリートの仕上げのエリアは
屋根が無い屋外。
座っている人に光が差し込む

地域スタジオの成果や
活動を常設展示
外の土が中でも
続いている

マンションの動線と閲覧室が混ざる

地域の人々が
集まる市場

スタジオの4分の1だけ屋外に飛び出す
中と行為や発想の違いが生まれる

地域主催のワークショップ
マンション住人の裏動線がそばを通る

市場やイベントがやっていない
時は車両を通す動線になる

光の入る芝ゾーンで読み聞かせ

少しだけ広くなって
参加人数が増える

子供の居場所を
外気が通りぬける

閉鎖的な会議室にグリッドから屋外を
つくることで人が集まる市場と緩やかな繋がりができる

「会議」という同じ活動でも座る場所によって
環境が異なることで、微細な行為の変化が生まれる

アクティブスタジオの床が
外部まで伸びてくる

地域のカフェの機能
を内部に引き込む

■ホール

部分的に2階
の動線が通る

トップライトから入る光で
本を読む手元が見やすい環境

同じ部屋内でも居る
場所によって行為が変わる

■閲覧室

室内で
ゆっくり読む

■開架書架

天井高があり皆が
集まりやすい部屋

二層と関係
を持つ部分

断面キープラン

■街区のガワとアンをやわらかく繋げる
断面図 S=1/700

屋外で
開放的に読む

トップライトから
光が落ちる部屋

巨大なスケールを分割し、
多様な環境を持たせる

木目とタイル
の切り替わり

雑居ビルの住居から
動線を連続させる

スケールダウンする
中で地上階と関係をつくる

大学生
スタジオ

多目的ホール

内と外が細かく切り替わり、好きな居場所を選択できる

大人数の活動と少人数の活動を混在させることで新しい関係を作る

閉じていた街区の内側を公共の場として転換する

開口の重なりで視線が抜け、奥まで空間が繋がる

小さな活動や変化の連続が人々の新たな関係をつくる

空間を細かく分けることで多様な使い方が共存するようになる

Q. 模型の注目ポイントを教えてください。

A. この建築は約700枚の壁から構成された小さな部屋の集合で出来ています。マンションや商店、中学校など異なるスケールの賑わいを街区の内側に引き出すために一枚一枚の壁の高さや開口を操作して活動の連続を設計しました。街区全体の連続性や一体感だけでなく、各場所で微細に変化する活動に注目していただけると嬉しいです。

人間の還る場所
～現象が作り出す建築～

牧迫 俊希 *Makisako Toshiki*

関東学院大学 建築・環境学部 建築・環境学科 柳澤潤研究室

人間の還る場所

自然と人間と空間。それらが一体となってひとつの世界を作り出すような建築ができないか。
人間の独りよがりな愉しみではなく、手つかずの自然が生み出す旋律の中にそっと入り込み
それらを受けとめて交わっていく。
その循環の中に入った時、人間も空間も空気に溶けて一つの世界を作り出していくだろう。

(俯瞰平面図 S=1:4000)

敷地　三浦半島の"山"

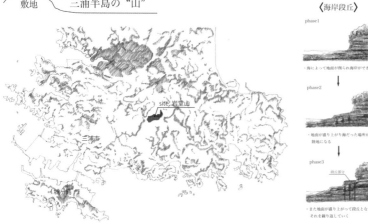

site 岩堂山
三浦市

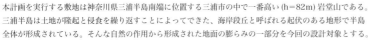

〈海岸段丘〉

phase1
・海によって地面が削られ海岸ができる

phase2
・地面が盛り上がり海だった場所が陸地になる

phase3
段丘崖
・また地面が盛り上がって段丘となり
それを繰り返していく

本計画を実行する敷地は神奈川県三浦半島南端に位置する三浦市の中で一番高い(h=82m)岩堂山である。
三浦半島は土地が隆起と侵食を繰り返すことによってできた、海岸段丘と呼ばれる起伏のある地形で半島
全体が形成されている。そんな自然の作用から形成された地面の膨らみの一部分を今回の設計対象とする。

設計趣旨 人間は進化していくなかで、いつの間にか自然を自分たちとは違う存在として扱ってきた。だが自然と人間はどちらも生まれていつかは死んでゆく自由で儚く美しい、近い存在の同じ"現象"だと考える。

自然と人間と空間、それらが一体となって一つの世界をつくり出すような建築はできないだろうか。

人間の独りよがりな愉しみではなく、手つかずの自然が生み出す旋律の中にそっと入り込んで交わっていく。

「山」という自然の作用によってできた地形自体を一つの建築として捉え、刻々と移り変わるその場所を何度も経験すること。それだけで、人間も少しずつ自然と同じ現象に還ってゆけるのではないか。

調査　　たくさんの意味が重なる状態

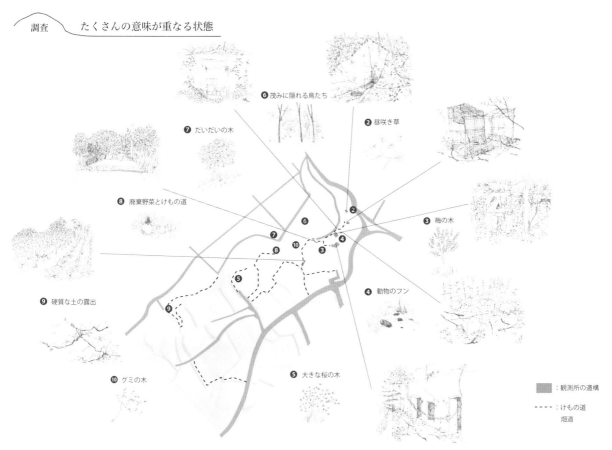

❻ 茂みに隠れる鳥たち

❼ だいだいの木

❷ 昼咲き草

❽ 廃棄野菜とけもの道

❸ 梅の木

❹ 動物のフン

❾ 硬質な土の露出

❺ 大きな桜の木

❿ グミの木

▨：観測所の遺構

- - - ：けもの道
　　畑道

山のリサーチをしていく中で、明治時代に東京湾要塞の一部として使用されていた三崎砲台観測所の遺構や鳥を飼っていたような網小屋、大量の生活ゴミなど様々なものがそれぞれ異なる時期に明確な意思をもって持ち込まれ、無関心にたくさんの意味が重なっている状態の山であることが分かった。

提案　　山が一つの建築になる

この山の"異なる時期に持ち込まれたそれぞれのものが無関心に同じ山という環境に重なっている"という状態の敷地にどのような設計ができるのか。自然の作用によってできた地面の膨らみを一つの建築として捉え、今ある状態に載っかるように、自然を味わい尽くすことができる空間を設計していく。新たな意味が重なった時、既存の要素を巻き込んだ一つの建築が現れていく。

〈山の経験から生み出されるそれぞれの場所と空間〉

❶

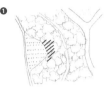   

山の中で唯一、道と接していない緑がある

人が立ち入らないその場所には木々に隠れて暮らす小さな生物たちがいる

生きものの邪魔をしないように反対側の断壁から岩を掘り下げて道を通す

うす暗いその中で身を潜めて静かにその声に耳を傾けてみる。

❷

藪の中に隠れ家のような高台とそこに続くけものの道がある

そこは眺めが良いので、東から昇るきれいな月を一番に見ることができる

地面を掘り、けもの道に連続する階段と月に向かって咲く月見草の花を植える

生い茂る草木に隠された夜空への玄関口。

❸

畑と森の間には大きな桜の木が生えている

その場所には地面の起伏を活かした心地よい風が下から吹いてくる

吹き抜ける風に落ち葉が踊るようにU字型に地面を掘り下げる

桜の木をつないだ季節のプロムナード。

❹

山の中で一ヶ所だけ草木の生えていない禿山がある

焼き畑や伐採がたびたび行われ、植物が生えなくなってしまった

山に落ちている枯れ木を燃やし、木炭として新たに植栽をする

見たことのない黒い林を歩きながら、その場所をただ見つめる。

❺

段々畑の中に一ヶ所だけ使われていない空地がある

一番低い場所なので雨が降ると道をたどって水がじわじわ溜まっていく

溜まった雨に目線が近づくように土を掘り出す

自然に溜まる雨を見ながら物思いにふける。

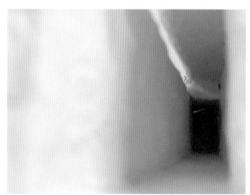  

〈配置関係図〉

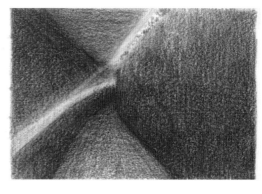

Q. 模型の注目ポイントを教えてください。

A. 荒々しくも生き生きとしたこの山の状態が好きだったので、どうしたらその状態が出せるのか、いろいろな材料を混ぜ合わせたりとずっと試行錯誤しました。土の質感などにもこだわってつくったので、あの場所の空気のようなものを感じ取ってもらえたら嬉しいです。

塔は旧来の作法にのっとる

加藤 大基 *Kato Daiki*

東京工芸大学 工学部 建築学科 建築設計計画I研究室

橋から桜並木・観桜塔 Ⓑ をみる

全体プログラム

強いストラクチャー
（避難タワー）
＋
チープな自治公民館

↓

新しい形を考える

| 防災のためだけのハード 総工費1〜2億円 | チープなものでありながら、日常・災害時における重要なコミュニティの核となる |

◎足し合わせることで、互いの弱点を補い合える
→コミュニティの中心として、より機能し、共通意識が高まる

各タワーをめぐる
新しい周期の確立

地域における行事の抽出

自治公民館〈解体→再構築〉

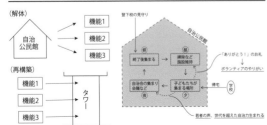

（解体）
自治公民館 → 機能1 / 機能2 / 機能3

（再構築）
機能1 / 機能2 / 機能3 → タワー

地域の行事（作法）の抽出・創出

昔からその土地に根付く歴史的行事や風土を再認識する

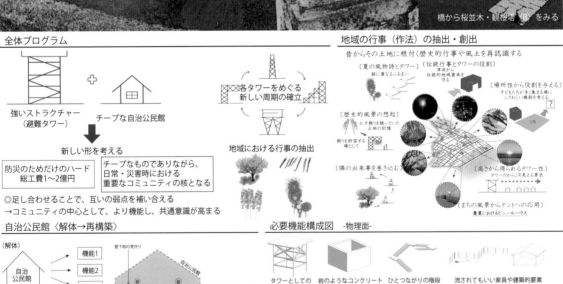

〔夏の風物詩とタワー〕
〔伝統的行事とタワーの役割〕
〔場所性から役割を与える〕
〔歴史的風景の想起〕
〔隣の出来事を巻き込む〕
〔高さから得られるタワー性〕
〔まちの風景からテントへの応用〕

必要機能構成図　-物理面-

タワーとしての
ストラクチャー
　岩のようなコンクリート（屋台小屋）
　ひとつながりの階段
　流されてもいい家具や建築的要素

必要機能構成図　-ソフト面-

日常利用・自治会の集まる場所
まちのリビングのような場所
　炊事のできる場所
　最低限の水廻り
　ストックをしておける場所（日常的・災害時必要なもの）

設計趣旨 津波避難タワーと自治公民館を複合化したタワー建築の提案を行う。場所は静岡県牧之原市の静波地区。既存の津波避難タワーと自治公民館の分布から、新たに配置を検討し、今回は11箇所ある中から5箇所をピックアップして設計を行った。まず計画に至る経緯として、近年、地方の公共建築のストックを減らしていこうとする動きがある中、唯一更新され続けている自治公民館のデザインが津波の被害を想定して計画されていない点、津波避難タワーに関しても、住宅地に建つ無骨で災害時にしか利用されない点に問題があると感じた。そこで、自治公民館の機能を一度解体し、タワーに組み込む形で再構築することとした。同時に高さ、避難面積、所要室配置などを再検討した。

A：天仰塔

C：巡合塔

F：暁天塔

H：鯉林塔

静岡県
牧之原市
面積：111.69km
総人口：44014人

静岡県

駿河湾

牧之原市静波地区

… タワー設計位置

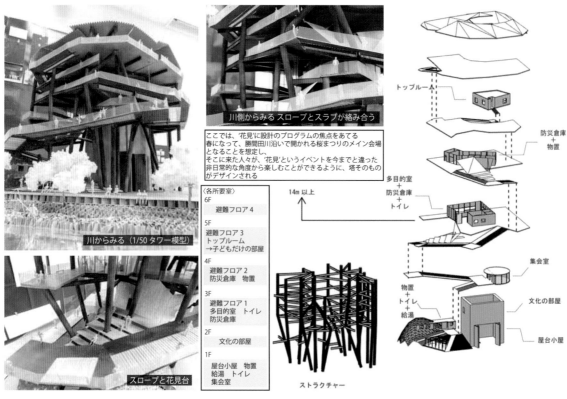

川側からみる スロープとスラブが絡み合う

川からみる（1/50 タワー模型）

スロープと花見台

ここでは、'花見'に設計のプログラムの焦点をあてる
春になって、勝間田川沿いで開かれる桜まつりのメイン会場
となることを想定し、
そこに来た人々が、'花見'というイベントを今までと違った
非日常的な角度から楽しむことができるように、塔そのもの
がデザインされる

〈各所要室〉

6F	避難フロア 4
5F	避難フロア 3 トップルーム →子どもだけの部屋
4F	避難フロア 2 防災倉庫 物置
3F	避難フロア 1 多目的室 トイレ 防災倉庫
2F	文化の部屋
1F	屋台小屋 物置 給湯 トイレ 集会室

14m 以上

トップルーム

防災倉庫 ＋ 物置

多目的室 ＋ 防災倉庫 ＋ トイレ

集会室

物置 ＋ トイレ ＋ 給湯

文化の部屋

屋台小屋

ストラクチャー

天仰塔（1丁目タワー）（A）

巡合塔（2丁目タワー）（C）

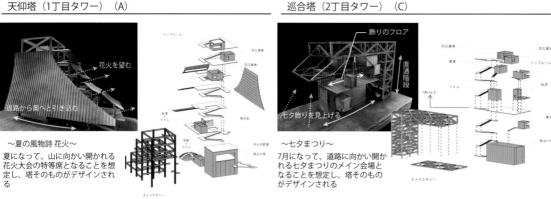

花火を望む

道路から奥へと引き込む

〜夏の風物詩 花火〜
夏になって、山に向かい開かれる
花火大会の特等席となることを想
定し、塔そのものがデザインされ
る

飾りのフロア

直通階段

七夕飾りを見上げる

〜七夕まつり〜
7月になって、道路に向かい開か
れる七夕まつりのメイン会場と
なることを想定し、塔そのもの
がデザインされる

暁天塔（東5丁目タワー）（F）

鯉林塔（12丁目タワー）（H）

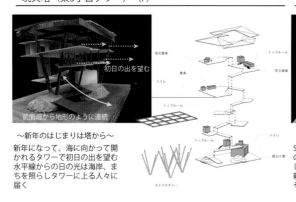

初日の出を望む

前面細から地形のように連続

〜新年のはじまりは塔から〜
新年になって、海に向かって開
かれるタワーで初日の出を望む
水平線からの日の光は海岸、ま
ちを照らしタワーに上る人々に
届く

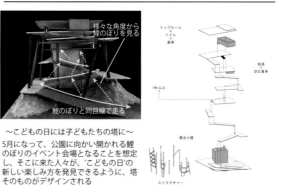

様々な角度から
鯉のぼりを見る

鯉のぼりと同目線で走る

〜こどもの日には子どもたちの塔に〜
5月になって、公園に向かい開かれる鯉
のぼりのイベント会場となることを想定
し、そこに来た人々が、'こどもの日'の
新しい楽しみ方を発見できるように、塔
そのものがデザインされる

各タワー模型（1/200）

トップルーム：
あるタワーが完成させる場所であり
子どもたちだけの場所

花見台：
あるタワーが完成させる場所であり
子どもたちだけの場所

回遊スロープ：

大階段：

長藤の間：

屋内避難場所：

トイレ
防災備蓄：

文化の部屋：

屋台小屋：

Q. 模型の注目ポイントを
教えてください。

A. 高さ70cmの1/50の模型の作成に最も苦労しました。柱や梁のテクスチャ感や、川の
表現、桜などを見て欲しいです。
また、その他のタワー模型（1/200）もそれぞれ個性のあるものができたと思います。

Interview

出展者インタビュー

審査会後に、出展者たちへ作品の概要や意図などを取材し、作品の魅力を語ってもらった。

▶ 神奈川大学

「その道の先に」(P.70)

加藤 佑規

敷地は愛媛県今治市大三島です。ここは2018年の西日本豪雨で土砂災害が発生していまだに復興が進んでいません。そこの井口という集落の復興を兼ねた提案をしています。主に農地再生として柑橘畑と水田を基軸とした復興計画と、それに付随する施設など6棟の提案となります。自分なりに事例を見て構造計算しながら、6棟の切妻屋根が織りなす島の風景が新たなルーフスケープとしてこの集落に根付いてもらえればと思っています。これらは地元住民が大切にしている400mの農道に並べています。また、大三島にある13の集落を1周つなぐと40kmの道となるのですが、この道は住民が大切にしている空間なので、島の人や観光客が使うためのバス停などもあります。これらの建物があるところは小道を歩きながら進めるように、水田があるところは風景が視界に広がるようにつくりたいと思い、いろいろスタディしながらこの提案を完成させました。

そして、この一本道に6棟を並べたのは、敷地の動線を整理した時に、この1本道に対して空白があったので、そこに疑問を持ったことがきっかけです。島へリサーチに行くと、地図にも載っていない道なのですが、ここで農業を営む人にとっては軽トラが通るような重要な道でしたので、島の道の存在を生かしてここへ配置しました。提案物はそれぞれ用途が異なり、それぞれの用途に合う空間を考えた時に、スパンを飛ばさないといけないという大きな問題があったんです。スパンを飛ばすためにどういう架構を用いるのが適切かを考えた時に、いろいろな事例を見たり、軸組模型をつくってどのくらいの力に耐えられるかを何度もスタディを重ねました。ある程度の強度を得られると思った構造を突き詰め、このような架構が生まれました。

福島出身で災害復興に興味があり建築の道へ進みましたが、4年間の集大成として、研究室で活動している大三島を復興と関連付けられて良かったと思います。また、満足のいく作品に仕上がったと思いますし、今後も大三島の活動はあるのでそこに生かすことができるし、最終的な成果物として、愛着のある土地で復興計画を考えられたのが何よりの成果になったと思います。

「死シテ生ヲ為ス」(P.72)

古城 偉央理

現代の建築は機能的な側面が強くなってきて、建築が持つべき象徴性であったり、美術的な美しさであったり、空間の強さなどが弱くなってきていると感じていました。それで、機能を批判するという視点から卒業設計を始めました。そうは言ってもいきなり機能のない建築をつくることは現実的ではありません。そこで建築がいずれ役割を終え機能を失った時に、機能を持たない建築に何を見ることができるか――その流れを描くことができれば、機能を批判することができると考えたのです。

敷地は富士山の山麓にある大室山です。敷地も最初は想定しないでおこうと思っていましたが、指導教員の石田先生から作品の考えを誰かに理解してもらう際、具体的な敷地が設定されていれば、建築の形態や周囲との関係性などについて、わざわざ説明しなくても伝わる部分は多いし理解されやすいとアドバイスをいただき、敷地を設定することにしました。作品のコンセプトづくりは、『ゲニオス・ロキ―建築の現象学を目指して』という書籍を下地にしていますが、自然を象徴できる場所、日本を象徴する場所としたら富士山であり、富士山周辺を調べたら大室山を見つけました。

建築の形態は、富士山を象徴するための空間をつくることを念頭に、ゲニオス・ロキをもとに富士山の自然環境の空間特性を読み解き、それを形に落とし込みました。また、大室山と富士山の山頂を結ぶ軸線をとって、このような細長い形態に行き着きました。ゲニオス・ロキの「大地でありながらも天空と接続できるのが山である」という記述から、山の中心性と大地と天空を結ぶ特性を総合的に踏まえてこのような形態になりました。

素材は、大室山にある火山噴出物であるスコリアを混ぜ強度を高めたコンクリートを使用しています。

富士山が噴火してこの建築は機能が失われるわけですが、形だけが残った建築には何かしら機能が付加されることを想定しています。

例えばパルテノン神殿が神を祀るという機能が失われた現代で、新たに観光という機能が付加されたように、この建築もいずれ新たな機能が付加されることを想定しています。ただし、機能を持たない建築をつくりたかったので、私からは何も想定しない、付加していません。このように着地点あるいは結論がない作品なので、常に手探りをしながら物

語をつくっていく感覚で、そこが最も苦労した点です。自身のやりたいことをやり切ったと思っています。

「隔たりなき壁」(P.24)
坂本 理久

　敷地は、徳島県美波町日和佐浦の海と川の河口部分です。そこに現在、5mの高潮対策に防潮堤が建設中なのですが、東日本のように防潮堤がズラッと建ってしまうと町の景観や生活環境が悪化してしまいます。この町は東日本に比べて川により近いところに住宅街があるのですが、建築と土木を一体化させた防潮堤を考えることで、新しい建築の形とともに町にとってより良いものができるのではないかと考えました。

　本提案が普通の防潮堤と違うのは、直角に曲げることでそこに空間をつくっていることと、建築を防潮堤に直接取り付けることで土木的に大きい空間や建築的に小さい空間をつくっていることで、それらが新しく融合して普段とは違う空間や新しい活動が増えていくのが狙いです。そして、町の中心産業として漁港関連の施設をなくさないために、ここがお遍路さんの通る道であることを生かし、お遍路さんが宿泊できる場所などをつくって観光拠点としました。また、地域への愛着を子どもたちが持てるように、地域の子どもや大人、そして漁師、観光客の4種類の人たちが混ざり合う触れ合いの場所を幾つか設けて小さな街を形成しました。提案物は、ほぼ新築なのですが、網納屋というコールタール塗りの黒い納屋はリノベーションしています。この納屋は景観的に美しいのですが、現在は使われておらず、ぼろぼろの状態で、このままだとなくなってしまう恐れがありました。そこで、網納屋のみリノベーションにしています。

　この作品には、土木と建築の融合による新しい可能性を考える機会につながってほしいというメッセージが込められています。審査員の方々はどう思われたかわかりませんが、こういうチャレンジ的なことがもっとたくさんの人に考えられてほしいという願いもあるし、自分がその一線に立てたらと思いました。防潮堤に関する事例はほかにもたくさんありますが、防潮堤をいじって建築を付け加えるというのは見たことがなく、防潮堤に対して建築をくっつけることでさまざまな空間が生まれること、防潮堤へのアクセスのための前の空間がよく考えられていたことなどが評価されたのかなと思うし、今回新しくチャレンジできたのは良かったと思います。

▶ 関東学院大学

「道──演劇場」(P.74)
阿部 華奈

　演劇が好きで月に3回ほど帝国劇場から下北沢にあるような小劇場までいろいろな劇場に足を運んでいます。ホワイエに入った瞬間に覚える非日常的な感覚や、席に着いた途端に演劇の世界に入り込める点など、演劇空間そのものにも魅力を感じていました。ある演出家の「現代は新しい魅力的な演劇空間が生まれていない」というコメントに共感し、4年生の前期から劇場の研究を始め

ました。もともと卒業設計では、劇場のみを設計しようと考えていましたが、大きな劇場が閉ざされた空間になってしまうのはもったいないと感じ、道と劇場を合わせてみようと思いついたのです。日常的に多くの人が通る道であれば、演劇に興味のなかった人でも劇場の空間やそこで行われている演劇に気づき、興味を持ってもらえるのではないかと。地下街など目的地まで同じような風景が続くチューブ都市において、演劇という非日常空間を通り道に付与することによって、都市の魅力を高めようと思いました。

　敷地は横浜駅からみなとみらいに続く広い道で、主にサラリーマンが通勤で使います。多くの人が日常的に往来する点は、作品のコンセプトに合っています。また、敷地には複数の建設中のビルがありますが、街の発展につれて、この作品が街の休憩所のような存在になるようにも意図しています。

　建物はガラス張りなので、通行人も演劇が行われていることに気づきます。演劇が行われていない日はガラスを開け放し、半屋外になって、劇場を通り抜けられます。

　学内講評会では劇場だけの機能ではなく、イベントホールなど、もう少し違う使われ方についても検討したほうが良いと指摘されました。規模と形から設計をスタートしたので、私自身も空間をどういった機能で埋めていくかということに苦労しました。卒業設計が終わってから、再度どのような使い道があるかを考えていますが、いろいろな使い方ができると思っています。

「超狭小住宅群」(P.76)
石崎 大誠

　学生時代に住んでいた賃貸アパート

は4.9畳しかなく、ロフトも低いし壁は薄くて隣の声が聞こえてくるしと、4年間よく住めたなと思うほどでした。しかし、もしそれが賃貸ではなく自分が所有する部屋であれば、部屋に対する愛着や考え方も変わったなという想いが作品の背景になっています。シェアハウスやサブスクリプションが近年の社会の流行りではありますが、学生でも購入して所有すれば新たな価値観が生まれるという期待もあり提案してみました。

敷地は大学近くの住宅街の一角です。日本では周囲との関わりを考えずに住宅が設計される場合が多く、周辺環境を踏まえた住宅の設計がもう一つのテーマとなりました。直線的な道を通すのではなく、接道義務を満たすための幅4mの一本の道路をS字にずらしながら通して、建物にはピロティなどを設けることで、道を広場的な場所として捉えながら、周辺とのつながりをつくるようにしました。また、75棟近く設計しましたが、それぞれの住宅の関係性にもこだわりました。例えば隣の部屋に光が入るようボイドを設けたり、天井を高くしてプライベートを確保するなどしています。共有部分はないですが、学生たちが集まって住まう場所でもあるので、例えば隣同士仲良くなって洗濯ひもを通したり、梯子を架けたりと、使い方や所有の仕方は冗長性を持たせています。

この作品をつくる中で建物を所有することのメリットや意味が見えてきたと思います。人が生活の大部分を過ごす住宅は、その人のライフスタイルに合わせて、穴を開けたり、色を変えたりと変更できたほうが、生活が豊かになります。人のクリエイティビティを生かすためには所有に意味があると思いますし、住人が改変することで建物の魅力が増してくるところが建築の面白さだと思っています。

「人間の還る場所」(P.48)

牧迫 俊希

作品のテーマは以前尾瀬に行った時の体験がもとになっています。

尾瀬で宿泊した山小屋で、真夜中に部屋の照明を点けている時には見えませんでしたが、照明を消して外を眺めると、暗闇の中にうっすらと山の輪郭が浮き上がってくるのです。人間の考えでは及ばない、人工物と自然の道理が魅せる錯覚のような瞬間に出会い、大きな衝撃を受けました。その経験が決め手となり、卒業設計では人間と自然がつくり出す建築ができないかと考えました。当初はそのためにはどのような空間が必要か、空間のスタディだけを行っていましたが、11月頃に差し掛かり具体的に建築に落とし込もうというタイミングで、三浦半島で敷地探しを始めました。

三浦半島には人に勧められて行ってみましたが、丘陵地の緩やかな地形に田園風景が広がり、自然が多く残っています。長い間一人で練り歩きましたが、田畑が広がる中にこんもりとした丘のような山を見つけました。それが敷地に選んだ岩堂山です。標高が約80m程度で、神奈川県では最も低い山ですが、三浦半島では最も高い山です。当初はその上に何か建築を建てることを考えていましたが、山に何かを建てる意味や山が持っている魅力を考えた時に、山そのものを建築化できないかと思い、山の地形や環境を生かして空間をつくるようにしました。例えば雨が降ると広い水溜りができる場所がありますが、水溜りの前に横穴を掘り下げ、地面の近くで雨を楽しみ休める場所をつくりました。その場所に何度も訪れることで、新たな発見に出会ったり自身を変えられたりする体験が得られるような空間を目指しました。

今回は山をテーマとして考えました

が、私たちが普段生きている世界には、同じようにいつもそこにあるのに、目に見えていないものや気づかれないまま無くなってしまうような事物が多くあります。そういった存在にしっかりと目を向け世界の広さや人間の小ささを知ることで、世界の捉え方が少しずつ変わっていけるのではないかと思っています。

▶ 慶應義塾大学

「まむし谷の鎖」(P.78)

茨木 亮太

慶應義塾大学の特徴として設計と研究を同時に学ぶシステムになっているのですが、本提案は、モックアップをつくってデジタル建築で誰でも制作できるというのを示す、研究と設計両面のアプローチになっています。

敷地は神奈川県日吉で、慶應義塾大学の日吉キャンパスのちょうど裏手にある、まむし谷という自然豊かな場所です。度重なる開発により土地が傷つき、土地の歴史も開発によって傷つき、今はそれぞれの土地の歴史が断片的に残っているだけなので、その歴史の痕跡が忘れ去られようとしている点に着目しました。敷地の歴史の大きな流れとして、まむし谷が日吉村として使われていた時代、戦国時代に矢上城として使われた

時代、開発が進んだ中で谷口吉郎など
の建築家が介入した近代建築時代、地
下壕がつくられて戦争遺跡として使われ
た時代といった4つに分類しました。そ
して、各時代に残った痕跡を建築言語と
して拾い、つくりあげました。

そして、デジタル建築を用いてそれぞ
れの場所、用途に合わせて大きさを変え
ながらつくったところ、組積による櫓の
ようなもの、フレームを組み合わせてつ
くる通路などができました。これは道を
つなぐ役割を持っており、作品展示など
もできます。さらに、構造として補強す
ることもできる柱梁、中に入ることがで
きる囲まれた空間（ドーム）もつくりま
した。これらデジタル建築の特徴は、誰
でもつくれて量産もできることです。こ
れによって、その土地の人々自身が歴史
と建築を紡いでいけるのです。また、今
回の敷地はまむし谷ですが、少しずつ形
を変えながら別の場所でも使っていける
のではないかと考えています。このよう
に遺跡として残しつつ、風景や日常の一
部にすることで人々がここの歴史を自覚
できるようにしたいです。

当初は、歴史へのアプローチとして
RCでつくる予定でしたが、リサーチを
重ねるうちに、デジタル建築のような仮
設的なものに変わりました。すでに敷地
には歴史の痕跡や魅力的で使われてい
ない建築物があるので、それに対し可変
性の高い建築物を入れることで、不要な
ら壊してもいいし、必要なら大きくでき
るという、そこを使う人の意志が介入で
きるようにしたいと考えています。

「つなぐ構造体」(P.80)

清水 俊祐

本作品では、「シンプルな設計」と
「環境の調和」というテーマを大切にし
ました。ここでは、腕とその上に乗せた

スラヴで構成されるシンプルな構造体
を提案しています。敷地は、学校から指
定された日吉キャンパス周辺となります
が、そこでは都市的なキャンパスの外側
に密な住宅地と自然環境が広がってい
ました。いろいろな性質が絡まっている
ので、その異なる性質に自分が考えたシ
ンプルな構造体を入れるとどうなるかを
考えました。

構造体は3つ用意し、それぞれ敷地
は異なります。1つ目は自然的な場所、
2つ目は人が過密になるような都市的な
場所、3つ目はキャンパスと地域をつな
ぐために、都市と地域の間になるような
場所をキャンパス内から敷地に設定しま
した。シンプルな構造体だからこそ、い
ろいろな性質の場所に入り込めるし、建
築として多様な空間をつくれるというこ
とを表現しようとしました。

提案物の1をつくったのは、もともと
ある階段が急なのと、そこからの見晴ら
しが良いのにただそこを下るためだけに
あること、奥に進んだ先にある整備され
た森へつなぐ動機がないことが起因し
ています。それらを今回の提案でつなぐ
ことで、階段の奥にある建物と森をつな
ぎ、人々が森に移動できるようにしたい
と思いました。

提案物の2は、キャンパス内の生協や
購買、食堂などが集まって人があふれて
いるので、なるべく分散させるために空
間を拡張したかったという目的がありま
す。

提案物の3はスタジアム化の提案で

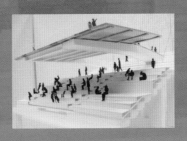

すが、既存の陸上競技場の周りに道が
なくて途切れていることや、駅前なのに
あまり人が来なくて寂しくなっているこ
とから、学生や地域の人がキャンパス内
に入りやすくするために構造体を挿入
しました。構造体ができることで、競技
場周辺の傾斜地が陸上競技場とつなが
り、ここを起点に裏の森にもアクセスで
きるようになっています。

反省点としては、構想に時間がかか
り、模型や図面の完成度に満足しきれ
ていないこと、他の人の作品に触れる機
会が少なかったため、井の中の蛙になっ
ていたと感じたことが挙げられます。今
後は、とにかく手を動かし多くのアイデ
アを試す、たくさんの建築を知り、経験
し、そしてそれを基に自分の設計を楽し
む、このようなことを念頭に建築と向き
合っていきたいと思っています。

> ▶ 慶應義塾大学SFC

「建築と遊具のあいだ」(P.32)

関口 大樹

もともと子供が好きで、生育環境に関
するテーマを扱おうと思っていました。
当初は園舎の設計を考えていましたが、
待機児童をはじめ室内で多くの時間を
過ごす幼児や、遊具が撤去され屋外で
の遊び場が少なくなっていく状況を見
て、身体スケールの遊具をつくりたいと
思うようになりました。敷地である少年
の森では研究室で毎年共同研究を行っ
ています。緑豊かでアスレチックが豊富
にあり、多くの子どもが遊んでいます。
既存の遊具を否定するつもりはありま
せんが、大人がデザインしたものでは
なく、いわばレゴのように子どもたちが
自身で組み立て、そして遊び方も考え
るものを設計したいと思いました。手法

は研究室でのワークショップの経験からある程度見通しは立ちました。ただし、相手は子どもなので安全性の確保が重要で、木の太さや長さ、また組み方のアルゴリズムは何度もスタディをしました。自分はコンピューターのシミュレーションの中で完結しがちですが、指導教員の松川先生からまずは実際につくってみてはとアドバイスいただき、研究室の前の庭で夏の間何度もスタディを行いました。実際につくってみてコンピューターのシミュレーションだけではわからないズレなどに気づくことができました。当初は規格材の使用も検討しましたが、それではコストがかかってしまいます。どの公園でも同じようにつくって遊べるシステムにしたかったので、よく公園に落ちている枝や板、またヒモなどを使うことにしました。価値のないものに価値を付与することもテーマの一つでした。

ワークショップは秋に2～3ヶ月かけて、その時々に公園に遊びに来た子どもたちと行いました。私はアクションカメラで記録と観察を行うのと、子どもたちの要望を聞き、その安全性を検討して大丈夫であれば実際につくっていくというモデレーターの役目でしたが、いろいろな気付きを得ることができました。特に子どもたちからは、手すりや足場、梯子など使い勝手を良くしようという案が多く出てきました。通常、遊具はそういったものは既に付いているので、使いやすくするためにはどうするか、ということまで子どもたちは考えません。それが今回制作した遊具では、建築的な思考を交えて遊び方を考えていることが新鮮でした。

今回は不整材のみ使いましたが、2次部材を使い、そこに屋根や床などを追加して、スケーラビリティを上げ、建築の

間にあるものをつくり出せればと考えています。料理のクックパッドのように制作のレシピを用意して、誰でも容易に制作できる建築物のプラットフォームをつくり出せればと思います。

学内の講評会では他者の考えをどのように設計に取り入れるかという他者性について評価いただきました。

「とぐろ森」(P.82)
山下 麗

近代建築では、高層建築やデパートのような平面の層が折り重なっているようなものがほとんどだったので、そこにはない新しいビルディングをつくりたいと思い、今回立体的な多層建築をつくれないかといろいろトライしてできたのがこの形です。幾何学を扱っている鳴川研究室に所属していることも、卒業設計で幾何学を扱いたいと考えたことの理由の1つです。

当初はオクテットトラスという構造のある面にメッシュを張っていくことを考えましたが、最終的に螺旋と幾何学を組み合わせ、螺旋空間を分けながら広がっていく形を考え付きました。それぞれが交わらないけれど、2つの空間が集まり合っている。二重螺旋もそうですね。それを三重、四重螺旋にすればさらに分割された空間ができる。それに幾何学で四角形や六角形を組み合わせると、平面充填していけます。それを組み合わせてできたのが今回のとぐろ森となります。

これを建築に落とし込むものとして考え付いたのが動物園です。今ある動物園は、檻の中に動物がいてそれを人間が巡って観察するというシステムで、動物がそのような部屋に入れられている空間というのは不自然なのではないか、それよりも動物のほうが移動空間にいるほうが、もともとの振る舞いが観察できるのではないかと思ったのです。今回、立体的な空間が上下に三次元的に広がる空間ができたので、そこに動物を入れ、人間は別の層に入って観察するというものをつくりました。例えば、今までは鳥を下から見上げていたのを、この作品では上から見下ろせるようになるなど、異なる視点で観察できるよう目指しました。基本構成は柱梁で、直立した柱に梁を架けて、そこにネットを渡す組み立て式です。ネットで区切ったところには蔦などをまとわせ、超人工的なジャングルのようなものを考えています。

ただ、動物園になるまでは紆余曲折ありました。基本的に平らな場所が少なく、ずっと斜面にいる状態なので、普通に人が暮らすマンションなどには適さなかったのです。面がそれぞれ隣り合って交わらないので、ごみ処理場といった案や、別の場所で燃やしたエネルギーを温泉施設のようなものに使うという案も考えました。

▶ 東海大学

「空間を食べ比べるように」(P.44)
佐々木 大樹

細かく空間を分けてそれぞれに小さな違いを与えることで、新しい公共空間の価値を生み出せないだろうか。近年の建築トレンドとして、せんだいメディアテーク、海外だとロレックス・ラーニン

グ・センターなどの日本人が設計した豊かと言われている文化施設は大空間でつくられています。そこに人を入れることだけが公共として正しいことなのか疑問を抱き、小さな空間や個人の小さな行動のつながりだけで大きな公共施設をつくれないかと思ったのが本計画の始まりです。

計画敷地は文京区という東京大学や住宅地、学生街がある静かな街であり、街区まるごと1つ使うような、街を歩いているとすぐ目につくような普通の公共施設ではなく、空間一つひとつが小さくて入り口も小さい公共施設を計画しました。街区の外側の大きなマンションや中学校などのメインの機能を残した状態で、街区の内側の駐車場や小さい木造住宅を敷地とし、周りの建築と関係を持たせながら1つの建築をつくることで街区の構造自体もリノベーションするようにつくっています。

そのため、これはただの図書館ではなくて、中学校とつながっているところは中学校の体育館の部活動がそのまま連続してくるとか、マンションとつながっているところはエントランスの活動がそのまま引っ張り出されてくるとか、そういった周りの建物と連続する活動で外周を囲いました。中へ進むと図書館やホールなどの公共施設があります。そして、空間を細かく分けることにより、中でやるとか外でやるとか、少人数でやるとか大人数でやるといった、いろいろな活動や行為が1つの場所に共存します。つまり、今までなかったマンションと中学校のつながり、オフィスビルと中学校のつながり、大学生と雑居ビルのつながりという、今までなかった関係から、小さな活動の連続が新たにつくられていくのです。

タイトルに関しては、違いを比べるという言葉の中で一番わかりやすい「食べ比べ」を用いました。寿司のマグロは赤身や大トロ、中トロなど細かく分けられるけれど、みんな全部好きですよね。そこから、空間のモデルとして何故違うのかを研究して、違いを空間で表すのに空間自体の「味」の食べ比べと表現しました。

「西戸部の笠」(P.40)
前川 凌

僕の地元である西戸部町をテーマにしました。都市の縁辺に存在する西戸部は、周りの開発された地点と比べて整備が行き届いておらず、ずっと残っている密集住宅街です。ここには、アクセスの悪さや拠点性のなさといった深刻な問題がずっとあります。しかし、丘陵地としての魅力として、坂道や階段による眺望性など空間的な魅力がたくさんあります。これらの問題を解決しつつ、地域的魅力をポジティブに捉えた街の拠点ができればと考えました。

そして、西戸部の中でもこの場所を選定したのは、小学校や動物園、大型アパートなど街の主要な機能がこの六差路に集積しているためです。なおかつ、丘の頂上に位置していることから拠点としてふさわしいと判断しました。

計画としては、まず、アクセスの悪さを改善するために中心にバスターミナルを、反対側にはレンタサイクルを挿入しました。小さな規模のアクセシビリティを上げ、街が流動的になり、活性化へつ

ながるようにしています。

2つめは畑です。調べたところ、横浜市西区は市内で唯一農地が存在しません。横浜市は神奈川県の中でも農業が盛んであるのに西区だけは農地がないことから、また、横浜が全国に横浜ブランドをアピールしていることから、拠点要素を高めるために西区に畑をつくることで西区の活性化を目指します。野菜の品種に関しては、横浜で人気上位の品種で地元横浜をアピールします。小さい規模で多品種をつくることでそれぞれが独立して存在するように、少量多品質的な街というのを常に念頭に置いて設定しました。

設計面に関しては、丘陵地であることから基壇を重視しました。現状の敷地では基壇が大きくて敷地のスケール感に合わないので、既存のもので西戸部のスケールに合っているものに揃えることを意識しつつ、各街区はそれぞれ異なるキャラクターを持った基壇が多かったので、それぞれに合わせて細分化しています。そして、基壇に勾配をつけたり屋根を延長させたりすることによって、さまざまな空間体験ができるようになっています。基壇を細分化することでアクティビティがつながり、屋根を架けることで基壇の外部の環境を室内に取り入れ、新しい空間ができています。

「新宿ケモノマチ」(P.84)
吉村 和馬

テニスとかサッカーなどモノの動きをマニアックに追いかけることに興味があり、そこからモノの動きを追いかけることで何か街にいい影響を与えられないだろうかと考え、本提案を計画しました。

さまざまな動きをひたすら記述していくと、それは予定調和的ではなくてけもの道のようであり、けもの道というの

は人々の欲望や動きの蓄積で生まれます。それに反して、現代都市はあらかじめ計画的につくられているため、人々の活動範囲は既存の街区や建物に押し留められているという問題点があります。

敷地調査は新宿駅東口から歌舞伎町間にて、人が多い夜の時間に3日間かけて、子どもからお年寄りまでを対象に行いました。人の往来が多いところにフォーカスし、人の動きをひたすら地図に記述していったところ、街区に押し込められて最も人の動きが窮屈そうなところが浮かび上がりました。そこを計画地として、けもの道の特徴を応用して計画し、全体をつくっていきました。

基本的に操作としては、既存の建物の1〜3層部分に対して、柱や壁、階段、エレベーターを残して減築しています。この減築方法によって人の軌跡を操作することを考えました。既存のプログラムも屋根が架けてありますが、外部化されて建物の中に入ってしまった機能を人々に開放していきます。人の流れをスロープや地下のスラブで掘り下げていき、上下のつながりをつくって多様な場をつくりました。スラブを掘り下げることで、ホールとして使えたり座って休憩できたりできる場所になっています。壁の操作はブレース材に沿った三角形の壁にして、一部だけ通れるような工夫をしたほか、三角形の壁を曲線上に曲げて全体の流れを通すこともしています。また、柱の間隔をずらしたり間引いたりして人の流れを操作しているのですが、普段干渉することのない動線同士のつながりをいろいろな場所で構築して活動を引き出すこともしています。例えば新宿駅東口から歌舞伎町で人の動きを調べた際に、最も需要のある交差点同士を結ぶ軌跡でメイン通りのようなものをつくっています。また、壁に挟まれることで自然と溜まり場のような、街路空間の

ような、人々が集まる場所もできています。

▶ 東京工芸大学

「生活のカケラ」(P.86)
新井 小春

本計画は、東京港の埋め立て処分場がこれ以上つくられることがなくなるのに対する解決策として考えました。国からは、ごみをできるだけ少なくしてその場所を長く保つことが解決策だと言われていますが、ごみ問題のもっと根底を知るべきだと思い、この課題に取り組みました。

プログラムはごみをテーマにした体験ミュージアムです。生活から考察することで身近にごみ問題を感じ、今後の生活にどう生かすかを題材にしています。ミュージアムは大きく4つに分けられており、研究機関としてラボや、マーケットの中にリペアショップやバルクショップを配置します。ショップを置くことで、ごみをなくすにはどう生活したらよいかを理解しやすくしました。アトリウムはごみのアート作品を展示する場所です。研究機関に対比したものを置きたかったのと、現実離れしたような空間を見せたいためにつくっています。また、マンスリータイプのゲストハウスもつくっているのですが、シェアすることで減らせるエネルギーがあるのではない

かと考え、1階部分がシェア空間で、2階から上が6世帯家族で暮らせる構成になっています。さらに、風や光などの自然環境の取り入れ方を考察し、建物の高低差や屋根の傾斜を使って風を通したり気流を乗せたりすることで温風を外に逃がすことも考えました。

対象地は東京都江東区潮見にある清掃車の駐車場です。同じ江東区内に夢の島や辰巳公園といった緑化公園があることと、この駐車場がかなり空いていることから、公園ではなく、このような施設を立てる場としてこの場所を選定しました。また、もともと埋め立て地だったことから、実際の地面より2mほど土が盛られており、その上をコンクリートで塗り固めています。そのため、もとの歩道と敷地内で高低差ができてしまっています。運河沿いを見た時に急な坂になってしまっているのですが、そこになだらかな階段をつけることで、運河沿いをメインとしつつ、敷地内へ人が流れ込むようにしました。また、敷地内にも高低差の緩急をつくることで、人の流れをつくっています。さらに、卒業設計の制作期間中に出たスタディのごみ、図面のごみなどは、細かく裁断してアトリウムの中のアート作品として、模型の表現方法に本当のごみを使いました。

「塔は旧来の作法にのっとる」(P.52)
加藤 大基

もともと卒業設計では地方の公共建築を扱いたいと思っていました。中でも内藤廣さんの安曇野市庁舎やシーラカンスの山元町役場など庁舎建築が好きです。庁舎建築は地域にどのように開くかをテーマに、新しいプログラムや室の配置を試みている分野だと感じていました。しかし、大規模な庁舎建築について、実際に調べてみると、地方は財政

難に陥っているところが多く、現代の状況下で、地方で大規模庁舎に挑戦するのは現実的ではないと。大学での設計製図の演習で、厚木市の中心市街地における改善案を提案し、それを市役所の方や市民の方々にプレゼンし意見をいただくワークショップを行いましたが、その時に市役所の方から、私たちの提案や試みの効果が一過性ではなく、どれほど持続性があるか、数年先まで視野に入れた提案かどうかを指摘されました。そのような経験もあり、卒業設計と割り切らず、自分はある程度リアリティのある提案をしたかったのです。敷地は地元の静岡県牧之原市で、前述のように当初は市庁舎の建て替えを考えていましたが、街には津波避難タワーが11基あり、日常的にはほとんど使われていないことを知りました。そのストックを活用し、日常的に使われる自治公民館と合わせることで、コストの問題もクリアし、面白い提案ができるのではないかと考えたのです。

プログラム的には11基のタワーの中から5基を選びましたが、それぞれ単体で考えるのではなく、地域の伝統行事やイベントと連動させて機能を付与していき、その場所にあった設計を追求し、結果として個性的な形態になるようにしました。また、都心と違い、街が常に賑わっているわけではないので、日の出や七夕、花火などそれぞれのタワーで見ることのできる行事の周期性を考え、5基を巡る形で街の賑わいを計画しました。意匠的にはタワーが遠くからも目立つことはもちろんのこと、鉄骨の力強さを強調したく、朱色を使った派手なデザインにしています。

学内の講評会では津波避難タワーという土木建造物をいかに建築化するかについて十分にやり切れていない点を指摘されました。私自身もイベント時な

どに建築としてどのように使われるかは描き切れましたが、日常でどのように使われるか、特に自治公民館の使われ方が不十分であったと思います。市の職員の方にはリサーチで随分とお世話になりましたので、この提案を見ていただき、いろいろと意見をいただければと思っています。

「WARM」(P.88)

森山 結衣

今回、犯罪者に向けた施設を設計しました。亀有に4箇所の対象敷地を設定し、棚を使って建物にくっつけたり、隙間をつくってその間にスペースをつくったり、街と出所者が交流できるスペースをつくったりして、そこから徐々に出所した人が暮らしやすい街にしていくというのがコンセプトです。

新築は1箇所のみで、それ以外はリノベーションとなります。新築については、商店街から最も近いところにあり、1階の一部をカフェとした住居で、キッチンやお風呂場、コインランドリーを部屋の外に設置することで、寝る場所以外はすべて街の人と共有するという仕組みになっています。2箇所目は、隣に15階程度の高い建物があったので、棚を挿入することで隣からの視線を和らげ、地域の人が集まる、新しい1つの空間をつくり出しました。3箇所目は、もともとの建物を新たに加える棚で貫通させることで、大通りとは別の空間をつくりました。4箇所目は敷地前の道路が狭いの

で、そこから中へ入れるように、1つの建物を縦に4つに分けて外の空間とし、寝る場所から風呂やトイレへ行くには一度外を出るような建物にしています。

テーマに犯罪問題を選んだのは、明るい社会問題を選ぶ人が多い中で、自分は建築で暗い話題を変えたいと思ったからです。特にニュースを見ると、誰かが逮捕されたといった暗い話が多いので、犯罪者を減らすことで、世の中が明るくできるのではないかと思い、このようなアプローチ方法を採りました。

敷地は、刑務所が近い路線から探したのですが、近過ぎると出所した人が集まり過ぎて町に溶け込めない可能性もあるので避けました。一方で、地元の人がよく集まるような空間があると、町の人と交流しやすいのではないかと考え、敷地を亀有商店街に決めました。最近はシャッター街が多いですが、亀有商店街は総菜店や老舗の店があり、とても賑わっています。出所者の雇用は厳しいですが、亀有での生活を通して、街の人と交流することで出所者の人となりが伝わり、雇用のきっかけや人とのつながりが生まれればと考えています。例えば、1箇所目では、出所者がカフェで働きながらそこの住居で暮らすことで、街の人とつながることができます。

▶ 明治大学

「灰に纏う」(P.90)

石原 脩大

敷地は桜島。ここでは、毎日火山灰が降ってきてそれが集落に降り積もります。桜島の人たちにとっては厄介ですが、リサーチを進めていく中で、灰が降ること自体が集落の人や物の関わりを生んでいるとも考えられ、それを設計につ

なげました。具体的には、桜島と鹿児島市内をつなぐ唯一の港を敷地として選びました。集落の公共施設や集落を巡るバスの終着点があるエリアに、灰と関連したさまざまな振る舞いの結び目としてフェリーポートを設計します。

設計手法としては、灰が降り積もる大地の面を引き上げることで生まれる空間を建築とする操作をしています。持ち上げた面をチューブ状に変形させて灰を集める構造物とし、灰の動きをシミュレーションしてチューブの数や配置を決めています。それにより、屋根の形の最適化など、シミュレーションとデザインの新しい関係を設計として打ち出しています。

設計したフェリーポートは、下船して集落に入ってくる人たちの動線上にありますが、コミュニティーバスのロータリーも設計してあるので、集落の人がバスに乗るための入り口でもあります。そこに灰がチューブをつたって落ちていく風景を描くことで、灰のある環境とそこを行き交う人々、また、それらに関係してくるさまざまな振る舞いがこの建築に表れてくるという作品になっています。また、フェリーポートの外側には人工の池をつくっています。ここにチューブを通った雨水を流すと、火山灰で構成された土壌は水はけが良いので、水が通り抜けて灰だけが浮かび上がった状態となります。住宅レベルで出た火山灰は袋に入れて回収場に持っていくのですが、この池がその灰の処理と公共施設を結びつける役割を担います。

内部の空間は、基本的に壁や網戸で仕切って灰が内部に入れない形にしています。コンクリートの壁のようなものは、高断熱・高気密で遮り、灰以外の内部空間にとって気持ち良いものまで排除してしまう可能性があるため避けました。光や風などの環境要素を受け入れるために、チューブの素材にもガラスや網戸を使っています。また、内部空間がチューブに対してわりと淡泊なので、下の振る舞いの部分についてももう少し考えられたら良かったと思います。

「近隣農区論」(P.92)
佐坂 俊樹

自分の提案は、既存の住宅地の空き地を農地に転用すること。そこに1次産業である農業と一緒に、2次産業として加工場、3次産業としてレストランや直売所などを住宅街に埋め込んでいくことで、6次産業の農業地区を形成するという内容です。空き地問題の解決、農業の衰退を改善するための提案となります。具体的には、住宅街にネットワーク化されたマイクロな農地をつくることで、アメリカのような大きな農地でなくても農作業ができるようにします。これにより、主婦や学生のアルバイトを雇って住宅街の中に新たな経済圏をつくることができ、また、働き方改革の1つとして在宅勤務が今後定着したら、空いた時間に会社員なども働き手として参加できるようになります。

実際にこれらの空き地を農地へ転用すると、日本の全人口の20%以上の年間野菜消費量の生産が可能となります。農作物には日射の問題がありますが、逆に日射がなくても育つ植物もあるので、住宅間の隙間の採光率から計算してそういった野菜の種類を提案しました。敷地は中山間地域にあたる鎌倉で、最も農業機械の導入が進んでいないので、ケーススタディとしてここを選んでいます。擁壁で宅地形成されているエリアなので、擁壁を細いスリットに分けて、その中に入っていくような、GLに空間をつくるような形を提案しました。また、加工場と住宅街のスケールを調和させるために屋根の形状を揃えたり、地元の木材を使って周辺の寺社仏閣のデザインコードに合わせたりといった空間形成もしています。住宅街なので木材搬入用のトラックが入らないため、現場で小径材を細かく積んで大きなスパンを形成して柱や屋根をつくりました。さらに、屋根は低く抑え、近くの農地が採光を確保できるようにしています。インフラ面に関しても、三次産業施設については道路を歩かなくても建物の中を通れば上に行けるようになっており、住宅街をショッピングモールとして歩き回れるような機能もあります。

一方で、どの野菜でどれだけの量が収穫できるかなどを話せたら、もっと説得力が増したと思うのですが、農業は天候や地質などの影響が大きいので、そこまで細かく踏み込めないところが難しいと感じました。

「継承・看板建築」(P.36)
寺澤 宏亮

地方商店街の看板建築を対象に、丸の内のファサード保存の手法を適用するという、ある種実験的な試みを行いました。丸の内のファサード保存では、重要文化財の立面だけを保存して後ろに超高層ビルを建てることがお決まりですが、地方の看板建築では保存する立面の裏では敷地に応じて多様な増改築のあり方が考えられます。

まずリサーチにて、エリア全体の看

板建築の間取りと土地分割の変遷を調査し、それらをもとに1から6の敷地を選び、ケーススタディとして設計しました。

ケース1、2は、既存の看板建築の立面を保存し、その裏手をどう設計するかに取り組みました。ケース1の場合、うなぎの寝床状の土地に増築を経た3進分建物が敷き詰められていますが、現在は老夫婦2人が敷地の最奥の一進分に住んでいるだけで、看板の立面のすぐ裏の2進分は空き室状態です。そこで、立面が自立するための2間半の木造躯体だけ保存して、そこから後ろ2進分を集合住宅に改築することを提案しました。結果として、保存した商業ファサードの裏では、＜転用した商店―既存和室―新規集合住宅―屋上中庭―既存家屋＞が連続したハイブリット町家が生まれています。かつての通り土間を参照したり、既存木造の仏間を転用したりしながら、全体の動線計画を解いているのもポイントです。ケース2も似ていますが、こちらは中庭が主役です。

ケース3〜6は、看板建築のルールから外れている建物や空地の修景に取り組みました。例えばケース3の場合、1階建てのコンビニの屋上に2階立面を新築することでコンビニを看板建築のように見せています。立面の裏では、立面を支える構造体を利用して立体的な屋上公園をつくりました。立面は周辺の建物を記号的に参照してつくっています。その1枚の立面をきっかけに街路側と屋上側の空間の関係が発想されている点を面白く感じていただけたらと思います。ケース4、5、6も同様の手つきで設計しました。

私は、これら6つのケーススタディを通して、看板建築というエリア特有の建物の型を引き継ぎながら、新しい建物がいかにそこに積極的に同居できるかを具体的に見せたかったのです。通りには看板建築の立面が並び、過去の賑わいが記憶されている。でも一歩建物の中に入ると増改築された空間が次々と展開されていて時間のギャップを感じる。このような体験の連続がこの風景の面白さだと思います。

▶ 横浜国立大学

「今こそ斜面地に住もう」(P.94)
小野 正也

横浜の丘陵住宅地の頂上に広場をつくるという提案です。ここが低速交通化の拠点となり、電動自転車やキックボード、シニアカートなどといった交通手段へと変わっていく中心地となるような場所を頂上に計画しています。その背景として、横浜は戦後に急斜面地が宅地化されて密集して住んでいますが、住人たちが高齢化して住むのが大変になっていることがあります。それで、駅近の平地のシルバーマンションに移り住むよう促されています。それがもったいないし、そういうことじゃないと思うんです。電動自転車なども安くなっているので、それらを生かして斜面地に住めばいいのでは。斜面地は眺めが良かったり歩くのが楽しかったり、空間的にローカルな感じとなります。農業などといった産業を中心としたまとまりではなく、こういう起伏が多い場所で空間的なまとまり

がある、同じ谷に住んでいる、同じ空間に住んでいる。それがコミュニティや居住権をつくっていくのではないでしょうか。

頂上の道を車がたくさん通っていますが、それを歩行者側が歩きやすいようにします。迂回させながら道路の裏側に隠れてしまっている公園を開放して、広場を一緒に計画して歩行者の居場所をつくります。主役は高齢者です。高齢者が運動できる場所、自転車屋が電動カートや自転車をメンテナンスするというような風景、駐輪場やガレージなどが道沿いにあり、そして、バス停がありそこから公園や広場の向こうに富士山が見えて眺めも含めて共有できる、土地の愛着を共有できるという計画になっています。

また、屋外活動が大事だということも本計画で伝えたいことです。斜面地は留まれる場所がたくさんあるうえ、あまり視線にさらされずに眺めが楽しめる。そういう屋外活動の中で土地への愛着が生まれ居住権につながっていきます。そして、いかに外で過ごす場所をつくれるかが大きなテーマとなり、それが広場をつくることにつながるのです。ただ、広場というのは日本の文化ではなく西洋の文化なのです。だから、日本にそれをただ引用するだけでは駄目なんです。気候や陽射しなどの関係で日本や東洋だと屋根が必要となるので、西洋の壁で囲んだ広場をベースに、反った屋根を付けました。

「ロードサイド商業がまちを守る」(P.28)
瀬川 未来

敷地は広島県広島市安佐南区という2014年に大きな土砂災害があったところです。もともと川の氾濫や土砂災害が起こる場所だったのですが、その歴史が

伝えられず多くの住宅ができてしまいました。土砂災害を機に何かできればと最初は思っていたのですが、川の氾濫もあるということを知り、もっと分析しようと思ったのが敷地をここに決めたきっかけです。

広島県は山と川があり、それに沿って街がつくられました。そして、近代になる過程で、その間に大きなバイパスが通り、そこに大型店舗が建ち並びました。地図で見ると敷地の辺りが比較的安全であることと、災害は広い範囲へ影響を与えるので1つの建物を建てるというよりは今ある大型店舗を利用できないかと考えたことから、具体的な計画敷地を決めています。

提案内容は、バイパス沿いの大型店舗に5つのルールをつくり、大型店舗を消費のためだけでなく地域全体のための建物にすること。その5つとは、大屋根、大きなスロープ、窓、給水塔、屋上公園です。川が氾濫した時に高いところへ行けるように、大きなスロープや目印となる大きな給水塔を、バイパスは外部の支援も受けやすい場所なので大屋根を架けたり、大型店舗は窓がないことが多いので窓を設けて明り取りにしたりと考えました。これらは、川が氾濫してそこで何日か過ごすことになっても大丈夫なようにしています。

バイパス沿いの店舗は、昔ながらの日本の郊外の風景を壊してきたと考えられがちですが、その固定概念を変えること、また、日本全国の街に適応できるようになればと考えています。

卒業設計を通して、ロバート・ヴェンチューリやル・コルビュジエなどを、ルールづくりなどの参考にしましたが、人が入らない建築やインフラなどに対する可能性も感じられました。価値の逆転が街を良くするかもしれないというのも彼らの歴史から発見したのですが、それ

をこれからもまた考えていければ面白いのではないでしょうか。そして、これらバイパス沿いの街の風景は、全国どこにでもあるものなので、そういうものはある意味この街を豊かにしているという側面もあり、それを認めながらまた価値観を変えていく。それを今後も考えていきたいです。

「街の続きの学校」(P.96)

毛利 栄士

学校はどうあるべきか。それが自分の問題意識の中で最も大きかったので、それに取り組みました。敷地は僕が当時通っていた公立高校です。四角い敷地に公立の小中高の学校3つが集まっている状況で、それぞれが別々になって互いに関係性がない状態。周りは住宅街で、住宅街の街区の中に学校があります。なめらかな傾斜地に建ち、北に山があり南には海。山と海の間に街が帯状に広がっているのが神戸市の特徴ですが、これらの環境を生かして学校の在り方を新しく変えるような、あるべき学校とは何かを考えました。

実際には、この学校は段々となっており、高校の段の下に小中学校の段があります。平面のグラウンドが必要なので、そこから段差になっている部分が通路になっており、それが街をつなげて敷地を横断するように道を通しています。敷地を横断するような、住宅街と貫通するような誰でも通れるような道をつく

り、そして街の動線として大通りをつくります。小中学校は大通りから迂回するような道を裏通りとします。大通りは誰でも通れますが、迂回する道は小学生や中学生だけが使う道とし、高校生は大人に近い年齢なので、高校への道は街とつながるように考えました。それが建築全体の平面に関する一番の特徴です。

学校への問題意識は、高校生の時に学校が建て替わった経験から芽生えました。それまでは古い歴史のある学校だったこともあり、ぼろぼろの建物やコンクリートの建物があり、その間を通り抜けられる、つぎはぎのような学校という印象でした。それが建て替えによって、マンションのような建物が建ってしまいました。それから、廊下と教室があるだけの壁のような学校になってしまったことに対する問題意識や怒りが生まれました。それが建築学科に入った一番の理由です。

計画に関して言えば、最初はもっとささやかな計画で、一部を改築する計画でした。ところが、小中高すべてに対して、学校がどうあるべきか全部計画すべきだと考え、このような計画となりました。つまり、街のように学校ができたらいいなと。建物を1個バンと建てるだけでは建築にならないので、いろいろな空間や建物がどのような秩序の中で出来上がっていくかを考えました。

Exhibited Works

その道の先に

農地再生を基軸とした土砂災害発生地域の復興計画

加藤 佑規 *Kato Yuki*

神奈川大学 工学部 建築学科 曽我部・吉岡研究室

制作映像が流れます。
ご覧ください。@YouTube

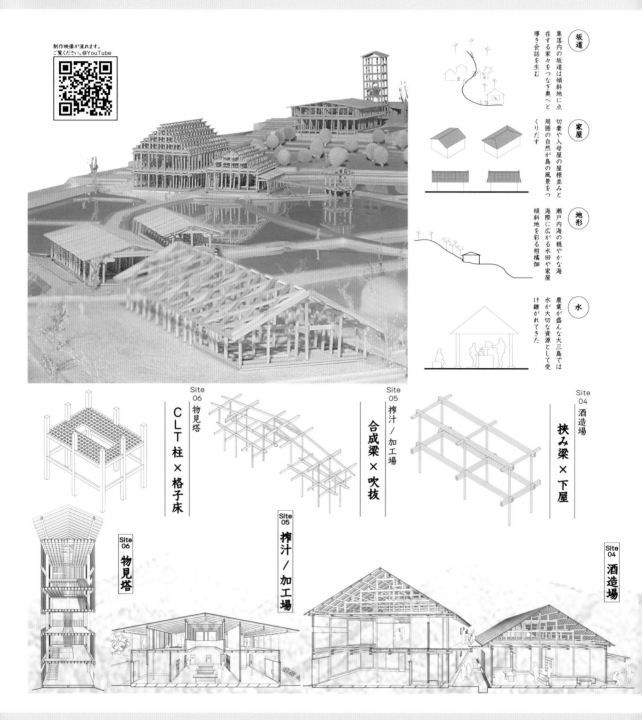

坂道
集落内の坂道は傾斜地に点在する家々をつなぎ奥へと導き会話を生む

家屋
切妻や入母屋の屋根並みと周囲の自然が島の風景をつくりだす

地形
瀬戸内海の穏やかな海際に広がる水田や家屋傾斜地を彩る柑橘畑

水
農業が盛んな大三島では水が大切な資源として受け継がれてきた

Site 06 物見塔 **CLT柱 × 格子床**

Site 05 搾汁／加工場 **合成梁 × 吹抜**

Site 04 酒造場 **挟み梁 × 下屋**

Site 06 **物見塔**

Site 05 **搾汁／加工場**

Site 04 **酒造場**

設計趣旨 対象地域は愛媛県今治市大三島上浦町の「井口（いのくち）」という集落。2018年7月の西日本豪雨により土砂災害が発生した。被災した温泉施設や柑橘の樹園地は、近隣を流れる渓流の「土石流危険渓流範囲」に指定されていることから、復興計画は廃止となった。

しかし現在、当該渓流上域で緊急的な砂防工事が進められている。本計画では砂防堰堤完成により土石流危険渓区域が解除されることを前提とし、農地再生を基軸とした復興計画を提案する。

土砂災害被害範囲を横断する一本の農道を中心とし、災害の復興と集落の発展を担う場を農道沿いに配置する。

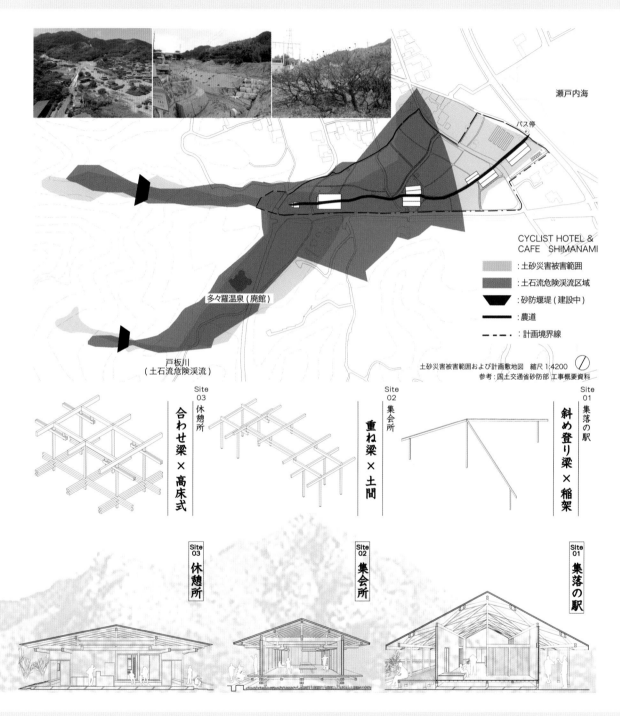

CYCLIST HOTEL &
CAFE SHIMANAMI

　：土砂災害被害範囲
　：土石流危険渓流区域
　：砂防堰堤（建設中）
――――：農道
------：計画境界線

瀬戸内海

バス停

多々羅温泉（廃館）

戸板川
（土石流危険渓流）

土砂災害被害範囲および計画敷地図　縮尺 1:4200
参考：国土交通省砂防部 工事概要資料

Site 03　休憩所　合わせ梁 × 高床式

Site 02　集会所　重ね梁 × 土間

Site 01　集落の駅　斜め登り梁 × 稲架

Site 03　休憩所

Site 02　集会所

Site 01　集落の駅

Q. 模型の注目ポイントを教えてください。

A. 農道沿いに配置された6棟の建築の軸組模型が見所です。1/200の模型なので、軸組を組む作業に苦労しましたが、圧倒的存在感のある模型に仕上がりました。また、柑橘畑と水田の表現は、何度も表現をスタディし、軸組が水田に反射する様子まで表現できました。

出展作品　071

死シテ生ヲ為ス
建築のはじまりから富士山噴火に伴う機能喪失、自然へ還るまで

古城 偉央理 *Kojo Iori*

神奈川大学 工学部 建築学科 石田・田野研究室

森は「精霊」が宿る場所であった。山は「神」が宿る場所であった。
森や山でなくても、川や海、砂漠、木の一本に到るまで、「自然」なものには「精霊」が宿った。
今やその精霊は人間の手により霧散し、姿を隠してしまった。

建築も古来より「精霊」と友であった。合理主義の名の下に、「精霊」の友であった建築さえも、
この霧散現象を加速させた。

「精霊」とともにある建築は「自然」の性質を得た。
「大地」とともにあり、「天空」とともにあり、「風」とともにあり、
輝く「太陽」ときらめく「星々」とともにあり、「宇宙」とともにあった。

今一度「精霊」と手をつなぎ「友」となろうてはないか。

設計趣旨 森や山などの自然には精霊が宿る。特に日本は山に神が宿るとされている。建築はその土地に潜む精霊たちと友であった。しかし合理主義の名の下に精霊たちと建築は大きく引き離されていった。本計画では、この精霊たちと再び手を結び友となる建築の、始まりから終わりまでの物語を提案する。富士山の側火山である大室山山頂にて建築が計画され施工されていく過程から、富士山自然環境保全センターとして計画され、運営していく様子。その後富士山噴火とともに機能がなくなり、機能を持った建築は一度死ぬ。残された空間は富士山象徴の聖なる空間と化す。数千年の年月をかけ、山にも建築にも植物が覆い、動物たちが跋扈し、建築空間は再び精霊たちと手を結ぶだろう。

Q. 模型の注目ポイントを教えてください。　▶　**A.** 3Dプリンターを用いた骨組みに油粘土をつけ、3D曲面を持つ造形をつくり上げたことや周りの樹海の植栽表現などに注目して欲しいです。

道—演劇場

みなとみらいにおける新しい演劇場の提案

阿部 華奈 *Abe Kana*

関東学院大学 建築・環境学部 建築・環境学科 粕谷淳司研究室

いつもの「道」が

「演劇場」に変わる

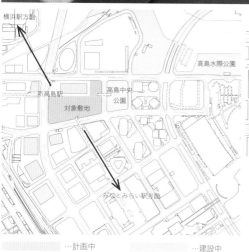

横浜駅方面

高島水際公園

新高島駅

高島中央公園

対象敷地

みなとみらい駅方面

孤立した巨大建築物が立ち並ぶ大規模開発地の現状に対して
周辺のビル群との連続性を保つため、周辺建物同士を
直線や曲線で結び、建物やランドスケープ部分の外形線とする。

…計画中　　　　　　　　　　　…建設中

SITE　神奈川県横浜市西区みなとみらい5丁目の1

みなとみらい線新高島駅の隣に位置する約35,000 ㎡程の敷地である。

横浜駅とみなとみらい駅の中間地点に位置するため、
現在は敷地内に人通りのある歩道が通っており、
周辺のオフィスで働くサラリーマンから観光客まで様々な人が行き交う。

現在の敷地の様子

「現代の劇場建築は機能的にしようとするあまり、演劇空間として面白いものが生まれていない」という演出家の言葉をきっかけに、演劇をつくりたくなる、演劇を見たくなる空間、舞台と客席、また劇場内外の空間的関係が強い劇場を目指した。

現代の劇場建築の空間的面白さ、また劇場空間のブラックボックス化の課題に、人々が普段通る「道」を演劇空間として使うことで応えようと考えた。都市の公園的な建物の中で、いつも歩いている「道」が「演劇場」に変わる体験が、人々の演劇に興味を持つきっかけになったり、この空間ならではの新しい演劇が生まれたりといった劇場空間になればと考える。

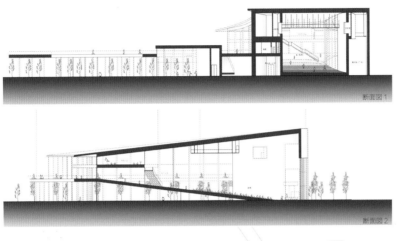

断面図1

断面図2

「現代の劇場建築は、演劇空間として機能的にしようとするあまり演劇空間として面白いものが生まれていない。」と言われている。

また、演劇やコンサートが開催されていれば、劇場というものは機能するが、公演が行われていない期間には大きなブラックボックスとなってしまうことが問題だと考える。

それらを改善し、演劇の作り手がなにか作って見たくなる劇場、観客側がなにかそこで作られるものが見たくなるような新しい演劇場を対案する。

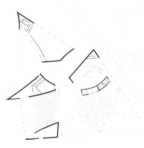

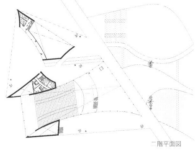

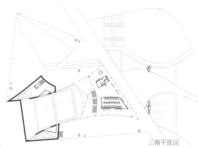

一階平面図　　　　　　二階平面図　　　　　　三階平面図

本計画で提案するのは、日常時は通路だが、公演時には劇場に変化する主空間を主なプログラムとし、スタジオやカフェ、ギャラリー、屋外劇場を含む広場の設計である。

劇場部分の計画として、現在よく見られる劇場建築の基本構成とは異なるものを目指し、普段は歩道橋と地上面を繋ぐ道として、公演がある際に劇場へと変わる空間とする。劇場空間のブラックボックス化を防ぎ、客席形態や、ガラスで囲われた劇場空間と周辺の関わり方の可能性を増やす目的がある。

建物全体にかかるデッキは周辺ビルへと向かう歩道橋と繋がっており、様々な人々がこの建物の中を利用したり、通り抜けていく。

演劇場としてだけでなく、カフェやギャラリーなどを設け、周辺オフィスで働く人の休憩場所になったり、学生たちの溜まり場になるような都市の公園のような建物を目指した。

普段通っている「道」が「演劇場」になることで演劇に興味を持つきっかけになったり、作り手にこの空間だからこその演劇をつくって欲しいと考える。

Q. 模型の注目ポイントを教えてください。　▶　**A.** 模型は敷地模型と断面模型を作成しました。模型に色を入れ過ぎずに質感の表現だけにし、シンプルかつ精巧につくるよう心がけました。この建物のポイントとなるスロープや屋根部分は傾いているため、しっかり伝わるよう一番気をつけてつくりました。また、添景を多めに配置しさまざまな人が建物を通る様子を表現しました。

超狭小住宅群
シェアの時代の所有するすまい

石崎 大誠　*Ishisaki Daisei*

関東学院大学 建築・環境学部 建築・環境学科 酒谷粋将研究室

01. 所有からシェアの時代へ

かつてはマイカー、マイホームなど何かを所有することが豊かさの象徴だった。しかし、若い世代はそうしたものに執着しなくなってきている。あらゆるモノ・コトを誰かと共有し、必要な時だけ使えれば十分と考える人が増えてきている。

・空間	…	ex. airbnb
・移動	…	ex. Anyca, Uber
・モノ	…	ex. メルカリ
・スキル	…	ex. AsMama
・お金	…	ex. マクアケ

02. 所有することの大切さ

そんな時代の中で、所有するということを大切にしたいと考えた。
敷地を細かく分割し、建築面積の小さな家を建てる

▽

学生でも所有することのできる一軒家を提案する。

03. 学生が所有できる住居面積

＜大学・大学院の6年間を賃貸で過ごした場合＞

家賃6万円 × 12ヶ月 × 6年 ＝ 432万円

仮定：（敷地）六浦南（地価）15万4000円/㎡（敷地面積）12.5㎡（1住戸面積）15㎡（約4.5坪）

＜大学・大学院の6年間を持ち家で過ごした場合＞

土地代＋建築代　15万4000円/㎡ × 1住戸の敷地12.5㎡ ＋ 4.5坪 × 100万円/坪
　　　　　　＝　192.5万円 ＋ 450万円
　　　　　　＝　642.5万円

敷地面積：12.5㎡　1住戸面積：15㎡（約4.5坪）を本設計の基本的な住居面積とする。

04. 接道義務という縛り

建築面積の小さな住居を建てるために、敷地を分割する。
その際の、接道義務を満たすために区画内に道路を通すという操作を行った。

直線的な道路が視線の抜けを作り、区画内を分断している。

1本のS字で道を通し、それを広場的な空間として考えた。

05. 分割した敷地と住居の形

路地が直線的で、均一になっている。

ずらし

2mのまぐちが取れるように調整する。

形を不正系な敷地にフィットさせた。

06. 過密に隣接し合う住居の操作

1. 道路斜線
制限の最高高さ15mで建てたもの。

2. ボリューム
周りの建物との調和を図り、最高高さを12mとした。

3. ボイド
過密な空間にボイドを開けピロティとすることとした。視線や光の抜けをつくった。

4. 開口
大きな天井高を利用し隣接する住居とのプライベート確保しつつ、大きな開口を持たせた。

設計趣旨 現在、所有することの価値が薄れ、あらゆるモノ、コトにシェアが求められる時代へと移り変わっている。一昔前までは、「マイカー」や「マイホーム」は人々の憧れであり、所有することが豊かさの象徴となっていた。しかし近年では、モノを所有する時代から、モノを他者と共有しそれをサービスとして利用する時代となっている。しかし、そんなシェアが求められる時代だからこそ、所有することの意義や「所有すること」とは何かを改めて見つめなおしてみたいと考えた。

本設計は、一人ぐらしの最小限の敷地を用意し、その中に建築面積の小さな一軒家を建てることで成立する、学生でも所有することのできる住宅とその集合としての住宅地の提案である。

東側断面図

1500lev plan

Q. 模型の注目ポイントを教えてください。

A. 一棟一棟形の違う住宅が76棟、開口が700以上、全棟につけられた螺旋階段、無数の家具、それらを1/50の大きさでつくった点は、一人で成しえなかったことで、手伝ってくれた友人や後輩たちには本当に感謝しています。

まむし谷の鎖

茨木 亮太 *Ibaraki Ryota*

慶應義塾大学 理工学部 システムデザイン工学科 ホルヘ・アルマザン研究室

4つのタイポロジーのうちドームについて実際にShopbotを用いて実寸での製作を行った半径2000mmのジオデシックドームである。12mmのオールファルカタ構造用合板を12枚用いて製作し、パーツの図面から直接切削を行うことができた。切削を8時間半、組み立てを2人で2時間半で行うことができた。解体運搬も容易に可能で仮設建築として用途や土地に合わせて大きさを変えながら建築することができるデジタル仮設建築の有用性を示す。

組積 (矢上城としての)

まむし谷の地下には戦争の跡として残る地下壕がある。

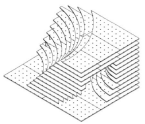

フレーム (近代建築としての)

まむし谷には谷口吉郎が設計した寄宿舎が存在する。水浴場からの景色は今でも素晴らしい。

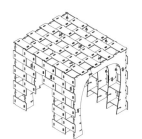

柱梁 (戦争跡としての)

遺構すら残っていないが、まむし谷には嘗て矢上城があったという文献が残っている。

ドーム (日吉村としての)

日吉周辺には竪穴式住居群跡が多数あり、その流れから近代まで村として栄えていた。

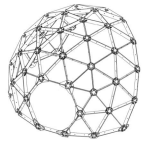
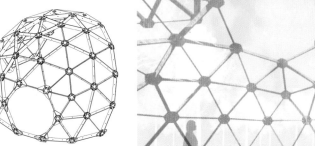

Q. 模型の注目ポイントを教えてください。　▶　**A.** 3Dプリンタ、レーザー加工機、Shopbotを用いて製作をしました。

つなぐ構造体
── 現代都市の相似形としての日吉キャンパス改修計画 ──

清水 俊祐　*Shimizu Shunsuke*
慶應義塾大学 理工学部 システムデザイン工学科 ホルヘ・アルマザン研究室

▍Note：希薄化する「つながり」

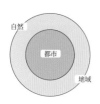

　現代日本では、ドーナツ化現象に代表されるような都市問題から、人々の生活空間の分断が生じ、「つながり」の希薄化が進んでいる。

▍Concept：「つながり」を生む構造体

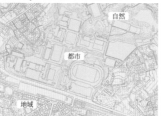

腕の上にスラブを乗せる
腕と梁
傾斜地
上下に空間の拡張
腕よりスラブが上がる
＝ 左右へ空間の拡張

　傾斜地に腕を挿入し、その間へ梁を渡し、スラブを乗せる。構造のシンプルさ故、様々な性質の場所へと適応し新たな空間をつくり出す。

▍Study：現代都市と日吉キャンパス

自然
都市
地域

　日吉キャンパスは「キャンパス＝都市」を「自然」と「住宅街＝地域」に囲まれた、現代日本の都市構造の縮小図のような場所性を持つ。

▍Analysis：選定敷地の現状

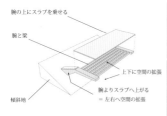

エリアⅠ　エリアⅡ
エリアⅢ　エリアⅢ

　放置された自然のエリアⅠ、過剰に人が溜まる都市的なエリアⅡ、面積だけで利用がまばらとなった競技場のエリアⅢの3つの異なる性質の敷地を選定した。

▍Site：全体計画

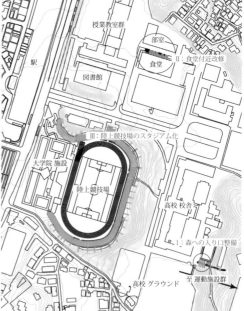

授業教室群
部室
駅
食堂　Ⅱ：食堂付近改修
図書館
大学院 施設
Ⅲ：陸上競技場のスタジアム化
陸上競技場
高校 校舎
Ⅰ：森への入り口整備
高校 グラウンド
至 運動施設群

設計趣旨 住宅地と自然に四方を囲まれる里山的立地である一方、都市的な内部構造を有する慶應義塾大学日吉キャンパスの改修を行う。日吉キャンパスでは、敷地の広さ故、学生−地域−自然の間のつながりが希薄になりつつある。空間の拡張に適したシンプルな構造体を提案し、それらをキャンパス内の3つの異なる性質を持つ場所へ導入することで、失われつつある学生−地域−自然の関係性を再構築することを目指す。

日吉キャンパスにおける問題は現代都市の抱える問題の縮小系とも言え、ここで提案する構造体がキャンパス外の同様の性質を持つ場所へ適応可能であることも示唆する。

▌Suggestion I：森への入り口整備 〜 人と自然をつなぐ 〜

A−A' 断面図

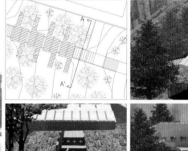

▌Suggestion II：食堂付近の改修 〜 人と都市をつなぐ 〜

B−B' 断面図

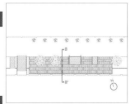

▌Suggestion III：競技場のスタジアム化 〜 人と地域をつなぐ 〜

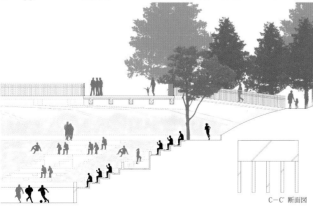

C−C' 断面図

Q. 模型の注目ポイントを教えてください。

A. 今回は、提案によって構造体のスケール感が異なっていたため、模型のスケールをどのように調整するかで悩みました。最終的に、詳細模型は全て同一縮尺にして、スケール感の比較ができるようにしました。周辺の建物や地形のサイズ感が整い、高さもほぼ同じになったため、結果として模型にまとまりが生まれたと思います。

とぐろ森
3次元に広がる多層ジャングル

山下 麗 *Yamashita Urara*

慶應義塾大学SFC 環境情報学部 環境情報学科 鳴川肇研究室

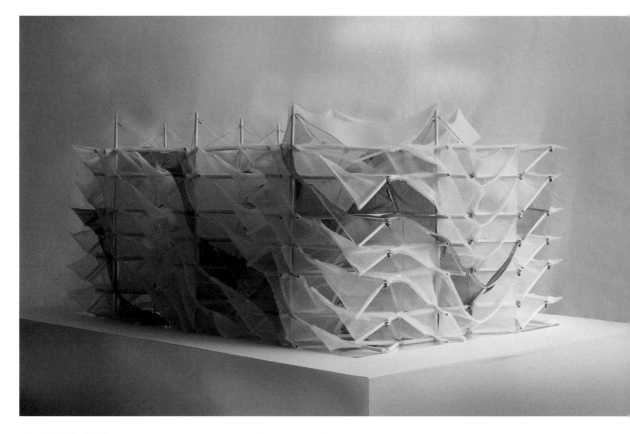

- 立体的に広がる多層空間

このプロジェクトでは地面から屋上まで一続きの面が6つ重なった多層空間を設計した。床と壁の区別が曖昧な面が空間を区切り、立体的に広がっていく。それぞれの層は隣り合っているがお互いには交わらない。

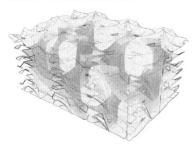

一つの層を抜き出し、色をつけている。
この層はお互いに交わらず、空間を分割しながら地面から屋上まで続いていく。

- 人間と動物を同列に扱う動物園

現代の動物園では人が歩いて見て回る移動空間が確保されている。一方で、動物は狭い居室に入れられている。運動量のある動物たちのために大きな移動空間が広がっているべきである。その移動空間は3次元的に広がっているべきだ。この施設では人間も動物も立体的に広がる移動空間に入り移動する。人間は這いつくばって空間を移動しなければならない不自由を負うが、見返りに動物たちの生き生きとした活動を目にすることができる。

- 現代日本の研究施設として

明治の文明開化から欧米より輸入された動物園は娯楽施設としての位置付けが日本では強く、研究機関や文化施設としての評価が薄いままだ。
とぐろ森は動物観察施設として、研究者やナショナルジオグラフィックなどのカメラマン達に立体的な移動空間でいきいきと生活する動物たちの姿を提供する。

- 螺旋＋幾何学

空間を立体的に分割する手法として螺旋と幾何学に注目した。螺旋は一つの面が連続して空間を分割しながら上がっていく特性を持つ。一方で、ある正多角形は平面充填することが可能だ。これらの特性を組み合わせ立体的に広がりながら空間を分割する手法を編み出した。とぐろ森は6角形螺旋と四角形のHP曲面、3角形の水平面を組み合わせできている。

六角形の螺旋

四角形の曲面、三角形の平面でつなげる

六角形の螺旋を四角形と三角形の曲面でつなげるように展開する。それによって6層の立体空間が出来上がる。

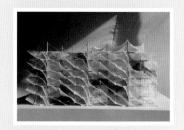

設計趣旨 このプロジェクトでは立体的に広がる多層空間をもつ動物観察施設を設計した。近代建築ではさまざまな形状の建築提案がなされてきたが、それらのほとんどは居室が主、階段が従の建築空間に基づいている。移動空間が主の建築空間は空港か美術館ぐらいである。また、多層建築とはいわゆる高層建築のことを指し、平面の床が積み上がってできている形だ。その一方で、各層が地上から屋上まで連続的に連なる空間は非常に少ない。これらの問題提起から、これまでの近代建築や近代建築五原則に対する疑問点を解消し、実現した建築空間を具体的に検討し、その効用をケーススタディすることでこれまでにないビルディングタイプを提案する。

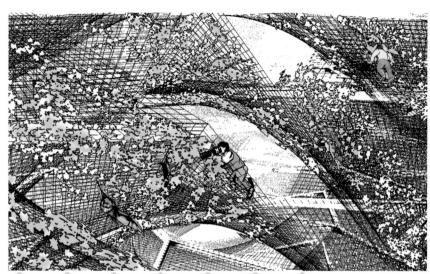

内観パース
この建物は6層に分かれている。それぞれの層に動物、人が入る。動物たちは生活しそれを人が観察する。

それぞれの層に入る動物
同じ空間に動物や人が入ると事故などの不具合の可能性があるためそれぞれの層を中に入る対象に適したネットで分ける。
メッシュパターン - 1/20

第1層
ニホンリス・モモンガ

第3層
オオコウモリ

第5層
ニホンザル

第2.4.6層：人

立面図

=GL+24225
=GL+20725
=GL+15725
=GL+12225
=GL+8725
=GL+3725
=GL+225 =GL

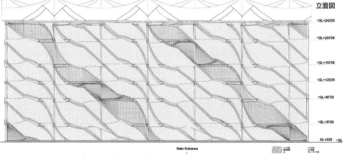

Main Entrance

Back door

Back door

平面図
GL+1975

- 設計アプローチ 空間を立体分割するために様々なスタディを行った。

① オクテットトラス

オクテットトラスに面を貼り空間を分割した。この時の分割数は2。

② 4角形螺旋

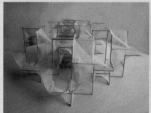

上から見て四角形の螺旋を線対称に並べていくことで空間を分割した。4つの空間に分割可能。

② 4角形螺旋

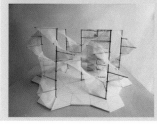

六角形の螺旋と4角形の曲面と3角形の水平面でつなげることで空間を分割した。とぐろ森の基本となった。6つの空間に分割可能。

Q. 模型の注目ポイントを教えてください。

A. ひとつづきのメッシュの面が立体的に下から上まで広がっていく様子を表現するため、洗濯ネットを型紙にあわせて切り出し、HP曲面を作成しました。また、素材としてメッシュを採用したためそれぞれの層に透明性があり、6層の重なりを見ることができます。曲面の断面部分には透明のアクリルで支持材をいれ、断面線が出るようにしました。

新宿ケモノマチ
―人の「軌跡」から生まれる街のかたち―

吉村 和馬 *Yoshimura Kazuma*
東海大学 工学部 建築学科 野口直人研究室

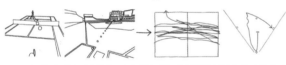
- 人の「軌跡」から生まれる街のかたち -

0 物の動き・人の動き（興味）

物や人の動きをマニアックな視点で追いかけ
ることに興味がある

この興味を深堀する上で、様々な「軌跡」を
描いてみる

すると、これら物や人の動きは予定調和的ではなく、「けもの道」のように恣意性を孕んでいることがわかった

1 けもの道について

人々の欲望や動きの蓄積によって生まれる経路のこと

2 都市の現状

けもの道の作られ方に反し、計画的に作られること
で人々の活動範囲は既存の街区・建物に押し留めら
れてしまっている

けもの道の特徴や成り立ちを設計手法として応用し、既存街区・建物に捉われない街のあるべき形を考察する

3 敷地調査

多くの人々が訪れる「新宿」 人々の移動軌跡を地図に記述すると、多くの軌跡に囲まれたある敷地があった

新宿駅東口〜歌舞伎町間

その様子が特に顕著な
「新宿駅東口〜歌舞伎町間」
に着目する。

敷地位置図

新宿駅東口

調査全体図   拡大図

計画敷地
（ALTA 含む5街区）

4 設計手法

以下の3つの手法で設計に落とし込む

a) 既存建物の減築

壁、柱の「減築」、「移築」の仕方よっ
て、人々の移動軌跡を操作する

減築

普段干渉しない動線同士を結び付
け、より人々の活動を誘発させる

- 壁の残し方 -

既存の建物に内在していた動線を
解体していく

- 柱の残し方 -

既存の柱を一部「移動」、「間引く」
操作をする事で人々を誘導する

b) 外部化するプログラム

建物に内在していた機能が、外
部に展開されていく

外部化

外部化されることで、誰もが気軽に
訪れる場所に変化する

- 外部化される機能 -

1. 屋外空間での売買
2. 入場に制限がないこと
3. 仮設であること
4. 個人単位のやり取り

既存の機能が外部化されるにあ
たって、マーケットのような小さ
な賑わいの集積を計画する

c) 軌跡の縦方向への建築化

人々の軌跡をスロープやスキップ
フロアとして建築化していく

軌跡の建築化

- スロープ（上層階へ）-

- スキップフロア（下層階へ）-

目的地への動線的アクセスと、ホー
ル空間など他用途としても応用で
きる

設計趣旨 都市計画によりつくられた現在の街路空間に対し、人々の活動はその範疇に矮小化してしまっている。そこで人々の欲望や動きの蓄積によって生まれる、「けもの道」の特徴や成り立ちを設計手法として応用し、既存街区に捉われない街を考察する。計画地は、多くの人々が訪れる新宿区内の「現ALTA含む5街区」とする。設計手法として、既存建築物の柱、EV、階段、一部壁を「減築」もしくは「移築」、またスロープやスキップフロアによって縦方向への人々の軌跡を操作する。それにより干渉することのない動線関係を構築する。これら微細な視点で多様な軌跡をデザインすることで、人々の活動をより誘発させ街と人との関係を緩やかに紡いでいく。

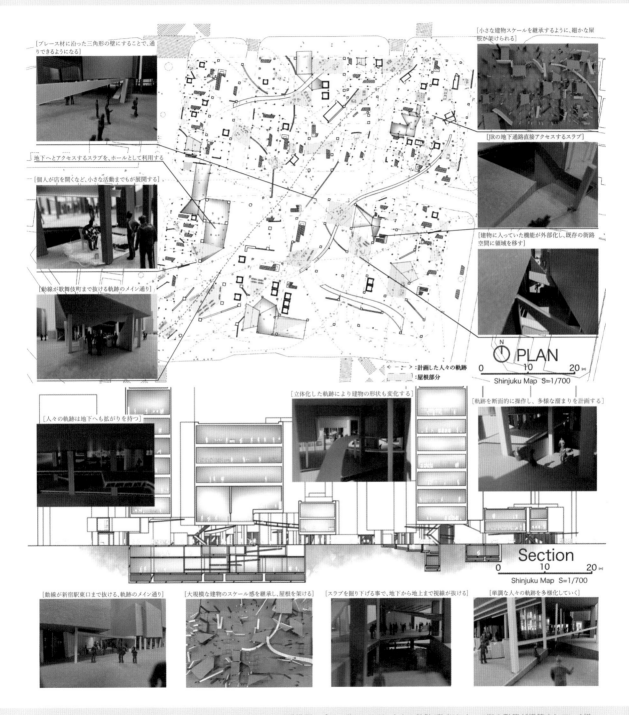

[ブレース材に沿った三角形の壁にすることで、通りできるようになる]

[小さな建物スケールを継承するように、細かな屋根が架けられる]

[JRの地下通路直接アクセスするスラブ]

[地下へとアクセスするスラブを、ホールとして利用する]

[個人が店を開くなど、小さな活動までもが展開する]

[建物に入っていた機能が外部化し、既存の街路空間に領域を移す]

[動線が歌舞伎町まで抜ける軌跡のメイン通り]

← - - →：計画した人々の軌跡

：屋根部分

◎ PLAN 0 10 20[m]

Shinjuku Map S=1/700

[人々の軌跡は地下へも拡がりを持つ]

[立体化した軌跡により建物の形状も変化する]

[軌跡を断面的に操作し、多様な溜まりを計画する]

Section 0 10 20[m]

Shinjuku Map S=1/700

[動線が新宿駅東口まで抜ける、軌跡のメイン通り]

[大規模な建物のスケール感を継承し、屋根を架ける]

[スラブを掘り下げる事で、地下から地上まで視線が抜ける]

[単調な人々の軌跡を多様化していく]

Q. 模型の注目ポイントを教えてください。

A. 一番模型で感じて欲しいのは、人々の軌跡(動き)によって街の形態が構築されていく様です。「人々の軌跡」に着目し、形態に落とし込む事で「軌跡の集積地」や、交差点同士を結び付けた「軌跡のメイン通り」などを設計しました。模型写真のように、人々のベクトルをデザインを通して多様化することで、普段見えない小さな活動までもが拡がります。

生活のカケラ
「ゴミ」をテーマに「生活」をみつめる体験型ミュージアム

新井 小春 *Arai Koharu*

東京工芸大学 工学部 建築学科 建築意匠研究室

設計趣旨 私たちは何もかも望めばおよそ全てのものが手に入る時代にいると思う。そんな中で、今日、東京港には新たに埋立処分場をつくる場所がない。最後の場所は50年でいっぱいになると言われている。これからの私たちの生活はどうあるべきなのだろうか。本計画は体験型ミュージアムとしてゴミ問題への意識の誘発を促し、未来の生活方式を見つけようと

した計画になる。ミュージアムは4つの施設で表現する。研究機関、美術館、マーケット、ゲストハウスとなる。多種多様な形で伝えることで多くの人たちに知ってもらえると考えて、この設計に繋がった。体験した意味を考えることでゴミ問題を身近で感じられるような場所の設計を試みた。

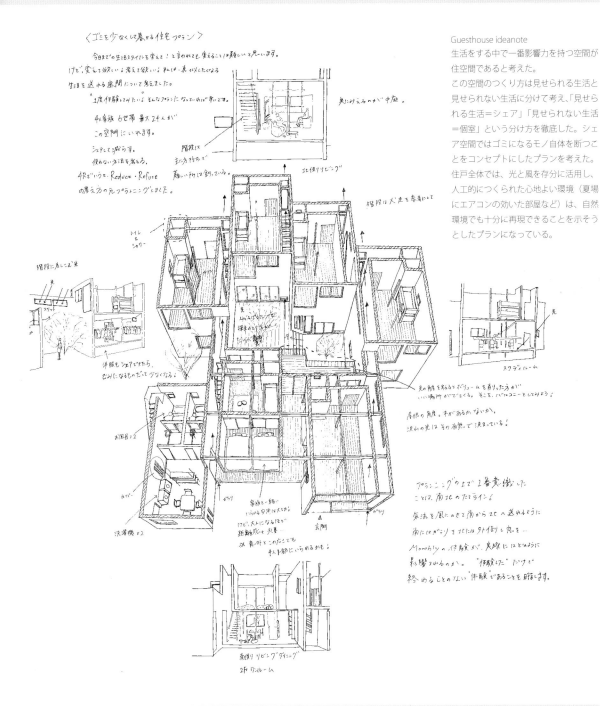

〈ゴミを少なくして暮らせる住宅プラン〉

Guesthouse ideanote
生活をする中で一番影響力を持つ空間が住空間であると考えた。
この空間のつくり方は見せられる生活と見せられない生活に分けて考え、「見せられる生活＝シェア」「見せられない生活＝個室」という分け方を徹底した。シェア空間ではゴミになるモノ自体を断つことをコンセプトにしたプランを考えた。
住戸全体では、光と風を存分に活用し、人工的につくられた心地よい環境（夏場にエアコンの効いた部屋など）は、自然環境でも十分に再現できることを示そうとしたプランになっている。

Q. 模型の注目ポイントを教えてください。 ▶ **A.** 一番のポイントはゴミの埋立地である表現を紙くずやプラスチック製の袋などを細かく裁断して、塩ビを巻いて見えるようにしたことです。あとは、再生素材の外壁を使う建物は再生紙をテクスチャとして表現しました。プランの中で一番重要視していたゲストハウス部分は1/50にスケールアップをして一目で伝わるように心がけました。

WARM
心の境界

森山 結衣 *Moriyama Yui*
東京工芸大学 工学部 建築学科 建築意匠研究室

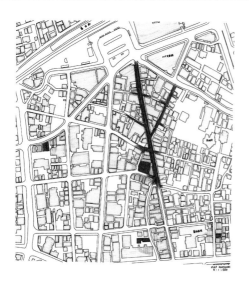

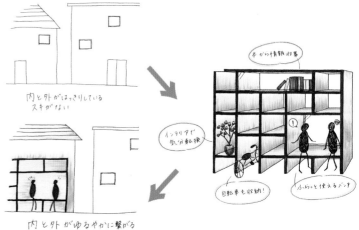

SITE 1　街×生活

この建物の住人は、食事、入浴、洗濯を部屋の外で行う。
街の人と建物をシェアすることで、新たな出会いを生む。
カフェを中心とし、ここの住人たちを下から見守る設計に
した。
道に接する面に棚を置くことで、街とこの建物を緩やかに
つなげる。

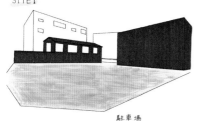

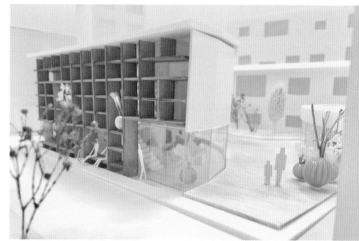

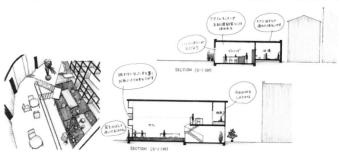

設計趣旨 現在犯罪者の数は減少しているが再犯率は高い。

出所した人はお金もほぼ持っておらず、頼れる人がいないことなどが原因で再び罪を犯してしまう。また、社会に強い固定概念があるのも、出所した人の暮らしづらさにつながっていると感じる。なかでも、悩みごとを相談できる関係性をつくることが大切だと考えた。

場所は葛飾区亀有。敷地を4つ設定し、環境に合わせて棚を配置させる。それぞれに置いた棚では、ふらっと使えるベンチや自転車の収納、本のリサイクルスペースなど、使い方は自由だ。場所や環境によって、使う人が世代を超えてその棚を豊かにしていく。

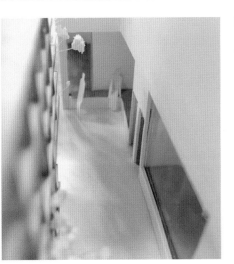

SITE 2　街×土間

5戸の賃貸と1戸の住宅に分け、共有の縁側を設ける。隣にあるマンションの圧迫感をなくすため、棚を置き中間の空間をつくった。この空間は通り土間として住人と街をつなげる。

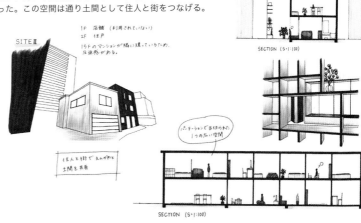

SITE 3　街×キッチン

周りに街の人が集まる場所がないので、1階はカフェとして、2階は4戸の部屋から共有の廊下にキッチンを出した。棚を建物に貫通させ、交通量の多い道との空間を緩やかに分けた。

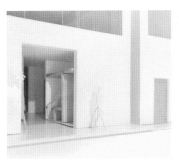

SITE 4　街×廊下

1階を4戸の部屋に分けた。敷地に面している道が狭く、その流れでこの建物へ足を踏み入れてもらうために、廊下を共用部にした。住人は寝室とバストイレの行き来で外に出ることになる。この4戸の壁に棚を置き、外でのコミュニケーションを積極的に取れるようにした。

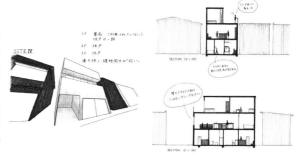

Q. 模型の注目ポイントを教えてください。　**A.** 模型は白を基調とし、賑わいのある箇所が目立つよう作成しました。卒業制作期間中、模型とプレゼンボードにすべて1人で取り組みましたが、周りの住宅の開口を白の中でも違う素材でつくるなどして、実際の街の雰囲気を再現できたと思います。

灰に纏う

── 舞い、吹かれ、流れ、積もり、大地を形成するその中で──

石原 脩大　*Ishihara Shuta*

明治大学 理工学部 建築学科 建築史・建築論研究室

■Research

■Simulation+Design

灰を運ぶ、季節風（風量、風向）、粒子の大きさ（φ=0.1〜2.0mm）、粘着力（5〜15kN/㎡）などから、チューブを設ける位置をプロットする。

プロットした点から、ボロノイ図を作成し、分割する。これにより、灰の堆積を防ぎ、流れる方向の偏りも無くす。

分割した面からチューブを建築内部へと伸ばし、ワイヤー状の構造体で支持する。光、水、灰はこのチューブから自在に引き出す事が可能である。

ロータリー
地域コミュニティバス、タクシー、お迎えの車、自転車、交通のハブとなり。桜島の玄関としてこのフェリーポートが機能する。

コミュニティ施設
火山の麓で暮らす人たちがこの場所に集える場所を設計する。

ランドアート
流れ、溜まった灰が外構のランドアートとなって連なる。

動線計画
フェリーとコミュニティバスによってここを訪れる人が行き交うバスが貼り巡る。

車路
桜島フェリーは車を乗せて島に人を運ぶ。GLには車が行き交う。

設計趣旨 毎日降りかかる火山灰は桜島の人々にとって厄介なものであるが、火山灰が降るということによってさまざまな事物のネットワークが生まれ、それらが桜島の集落が構成するという解釈が可能である。

舞い、吹かれ、流れ、積もり、大地を形成する灰の流れをシミュレーション・ベースドの建築設計へと展開する。

環境因子としての灰と、それとの多様な連関から生まれる事物をrelevanceと呼び、それらの結び目となる建築を桜島の玄関となるフェリーターミナルとして提案する。

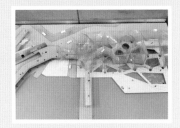

灰はチューブをつたい、ランドアートとなって地表に現れる。

乗船デッキから桜島に様々な人がやってくる。

桜島にやってくる人、市街へいく人。様々な人が行き交う。

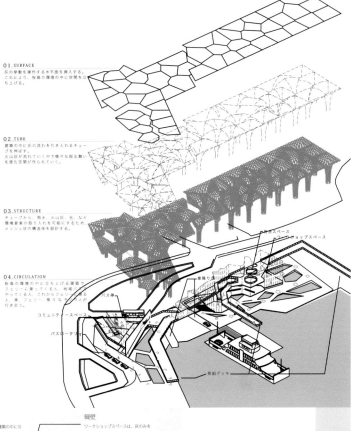

01_SURFACE
灰の挙動を操作する水平面を挿入する。これにより、桜島の環境の中に空間を立ち上げる。

02_TUBE
建築の中に灰の流れを引き入れるチューブを伸ばす。
火山灰が流れていく中で様々な振る舞いを産む空間が作られていく。

03_STRUCTURE
チューブから、雨水、火山灰、光、など環境要素の取り入れを可能にするため、メッシュ状の構造体を設計する。

04_CIRCULATION
桜島の環境の中に立ち上げる建築でフェリーに乗ってくる人、地域からやってくる人、これらがフェリーを介し人、車、フェリー、様々なモノや人が行き交う。

待合スペース
光がチューブを介して入ってくる。環境を建築の中に引き入れることで様々な性質の空間が現れる。

Light

RAIN

ASH

WIND

編壁
ワークショップスペースは、灰のみをシャットアウトした外部空間である。

▼RFL+14945
▼2FL+7860
▼1FL+2630
▼GL±0

灰の溜まり場
チューブを辿って通り抜けた雨水は、外構の池に集められる、シラスの土壌で機成された池から水が抜けると、灰が浮かび上がる。ここが灰を回避する公共との接点になる。

灰を池に運ぶチューブ

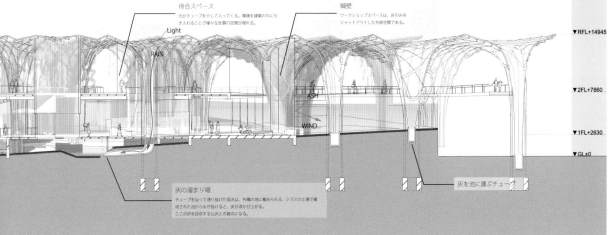

Q. 模型の注目ポイントを教えてください。

A. 900×1800の1/100模型です。
後輩の力無しには完成させることはできませんでした。
しおり、ごうき、せーちゃん、ありがとう！！

出展作品　091

近隣農区論

中山間地域住宅街における農業の6次産業住区の形成

佐坂 俊樹　Sasaka Toshiki

明治大学 理工学部 建築学科 建築空間論研究室

1. 規模

近隣農区の開発は消滅、食品加工工場が1棟ある主要な農地に相対して住宅を供給するものであり、その実像の系壁は農地密度に依存する。

2. 境界

住区は流通交通の利便性を促すため、十分な規模をもつ幹線道路で面のいずれかを接続しなければならない。

3. 農地

特定の近隣農区の野菜を満たし、住戸モジュールに沿って計画された農業を含む幕地体系がなければならない。

4. 農作物関連施設用地

住区の範囲に応じたサービス領域をもつ食品加工工場その他の農作物関連地は住区に選切にまとめられていなければならない。

5. 地域の店舗

サービスする人口により商業地区は1か所かそれ以上つくり、住区の境近辺、であれば交通の接点の近くに配置すべきである。

6. 地区内街路体系

樹形状に接続された幹線道路に対し効率的な流通体系に見合ってつくられ、また、農業地区の促進を図るように全体として計画される。

塵も積もれば山となる -新たな農産業システム-

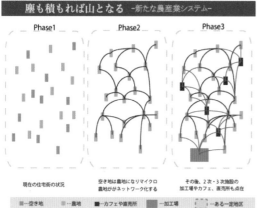

Phase1　Phase2　Phase3

現在の住宅街の状況　｜　空き地は農地になりマイクロ農地がネットワーク化する　｜　その後、2次・3次施設の加工場やカフェ、直売所も点在

■■…空き地　■■…農地　■…カフェや直売所　■■…加工場　⬚…ある一定地区

敷地 -高野住宅街における農地・農作物関連施設用地・地域の店舗の分布-

1.4a 趣味も積もれば経済圏となる -6次産業体系-

地区内での経済体系

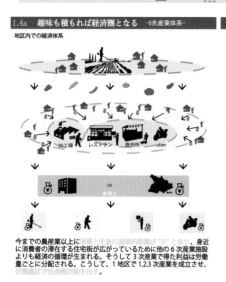

今までの農産業以上に、身近に消費者の滞在する住宅街が広がっているために他の6次産業施設よりも経済の循環が生まれる。そうして3次産業で得た利益は労働量ごとに分配される。こうして、1地区で1.2.3次産業を成立させ、近隣農区で社会像が動き出す。

農区も積もれば高自給率となる -近隣農区論による仮説-

畑における平均収穫量を〇〇〇とする。(年1回収穫)
また、1日に 360g/人 の野菜の摂取が推奨されているので、1年に 127.750kg 必要。

約 42㎡ (約 12坪) で1人分の野菜摂取量を確保できる。

例えば、全国の空地:125,277ha。
もしこれがすべて農地になると、
36,530,125人分 の1年に必要な野菜摂取量を確保できる!!

また、世帯が所有する空地:98,100ha。
もしこれがすべて農地になると、
28,612,500人分 の1年に必要な野菜摂取量を確保できる!!

つまり、日本の全人口の　分の生産が可能である。

農作物について

(i) 農作物の採光基準の種類

日射6時間以下[陽性植物]	日射3時間～6時間[半陰性植物]	日射3時間以下[陰性植物]

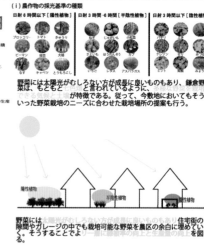

野菜には太陽光がむしろない方が成長に良いものもあり、鎌倉野菜は、もともと○○○と言われているように、○○○が特徴である。従って、今敷地においてもそういった野菜栽培のニーズに合わせた栽培場所の提案も行う。

野菜には○○○がむしろない方が成長に良いものもあり、住宅街の隙間やガレージの中でも栽培可能な野菜を農区の余白に埋めている。そうすることでよ○○○○上と生産量の向上を図る。

設計趣旨 日本の食料自給率の低下、農業の衰退など日本人は食に関して全くをもって危機を感じていない。そこで一般的な住宅街に農地を納入することで意識を改善するとともに日本の食料自給率の向上を目指す。敷地は鎌倉市の高野。農業を起点として地域コミュニティを形成し、農業によって経済圏を生むという近隣農区論を提唱する。主に、対象敷地の空地を農地に転用し、1次産業として採算がとれたら販売不可商品などの加工を行う2次産業施設の加工場、サービスを行う3次産業施設のレストランや直売所も挿入し、1次から3次産業までを備えた6次産業住区が成り立つ。この小さなクラスターが鎌倉を超え、神奈川、関東、全国へ広がると、日本の人口の20%以上の年間野菜消費量を賄うこともできる。

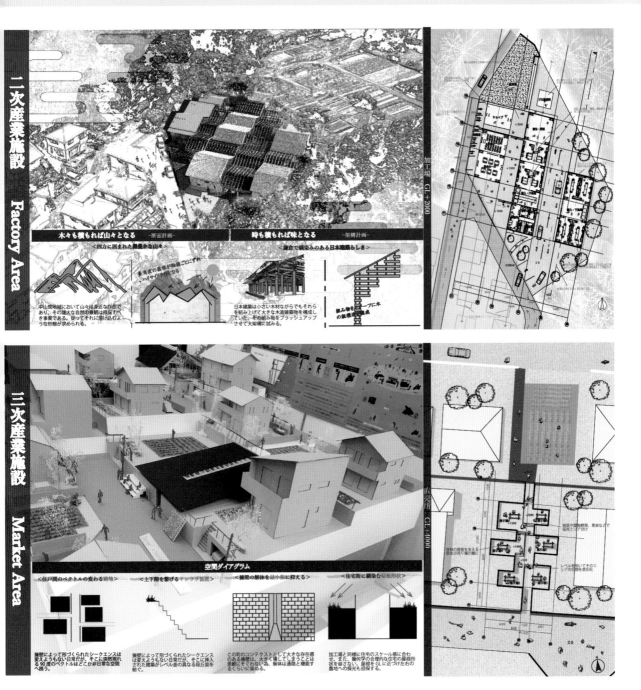

二次産業施設 Factory Area

木々も積もれば山々となる —断面計画—

時も積もれば味となる —架構計画—

〈四方に囲まれた穏やかな山々〉

〈鎌倉で馴染みのある日本建築らしさ〉

三次産業施設 Market Area

空間ダイアグラム

Q. 模型の注目ポイントを教えてください。

A. 鎌倉にある有数の日本建築をデザインコードとした木造躯体の建築群を見て欲しいです。いずれの木架構も住宅街に運搬してくることやコスト面を考慮して流通材を採用しました。従って細かな部材によって大きなスパンを形成しています。また、積み木のように組積するだけの市民参加での施工計画も提案しています。

今こそ斜面地に住もう
頂上広場が街暮らしのビジョンを映す

小野 正也　*Ono Masaya*

横浜国立大学 理工学部 建築都市・環境系学科 建築EP AD系

戦後、それまで畑地域であった横浜の都市周辺部の丘陵地の宅地化が進められ、斜面に密集した住宅地が形成された。

近年、高齢者も多く暮らすそれらの街は、その斜面地での**移動の困難さ**が不安視され、平地の駅近のシルバーマンションなどへの移住が促されてきた。

偉そうな車

しかし、モビリティの小型化や電動化、自動化が進む今、斜面地に住むことの不便さ自体が軽減されつつある。今こそ斜面地という、**屋外に多様な居場所が生まれやすい**環境を生かし、経済によるまとまりを必ずしも必要としない、空間としての丘の共同体を構想すべきではないだろうか。**お年寄りが都市活動のお手本を若者に見せる**ような形で、持続可能な居住圏へと変わってゆく。

共有財産としての眺め

車に頼らない
歩きやすい街

▶屋外活動 | 土地への愛着

起伏のある地形では、屋外にも多様な居場所がみつけられる。そして屋外活動は、土地への愛着や、同じ丘に住む人との共同意識を生む。車道を取り返すように現れる頂上広場が、外暮らしのビジョンを映し、斜面地に暮らす豊かさを人々に思い出させる。

提案 車の道にはたらきかける**広場**

現状：通りから公園が見えない

・車通りを公園側に迂回させる ── 車の速度を落とす
・歩行者天国（10:00〜18:00）　公園を解放する
　バスだけ通れる

眺めを囲む配置

プログラム
低速交通拠点として
・自転車屋
（自転車や電動カートの貸し出し）
（メンテナンス）
健康・生活サポート
・出張診療所
・シルバージム
・休憩
・喫茶店
・キッチン
既存
・電気屋
・歯医者
・自営業コンビニ
・風呂
・弁当
・ピアノ教室

設計趣旨 戦後、それまで畑地域であった横浜の都市周辺部の丘陵地の宅地化が進められ、斜面に密集した住宅地が形成された。近年、高齢者も多く暮すそれらの街は、その斜面地での移動の困難さが不安視され、平地の駅近のシルバーマンションなどへの移住が促されてきた。しかし、モビリティの小型化や電動化、自動化が進む今、斜面地に住むことの不便さ自体が軽減されつつある。今こそ斜面地という、歩きたいと思える豊かな道や、地形によって空間的なローカル性や眺望のある庭など、屋外に多様な居場所が生まれやすい環境を生かし、経済によるまとまりを必ずしも必要としない、空間としての丘の共同体を構想すべきではないだろうか。

Q. 模型の注目ポイントを教えてください。　**A.** 白模型だからこそ、見る人の想像力で色鮮やかな未来が見出されるような模型になるように願ってつくりました。

街の続きの学校

「道型」の新しい学校の在り方

毛利 栄士　*Mori Eiji*

横浜国立大学 理工学部 建築都市・環境系学科 建築EP AD系

街のような学校

道が学校になった

広場に応答する屋根

設計趣旨 本プロジェクトは、閉じた学びを、あらゆるアクティビティの交わる場所に変える、公立の小学校、中学校、高校の建て替えのプロジェクトである。

敷地によって行き止まりとなっている道を資源ととらえ、東西、南北方向に誰でも通れるような大きな道を通す。その道沿いに図書館や食堂、音楽室といった特別機能を配置し、学生が使っていない時間帯には街の人が自由に利用できるようにする。そして、その大きな道を迂回するように通した裏道を小学生、中学生だけが通れるプライバシーが確保された道とし、その裏道に沿って小学校、中学校のクラスルームを配置していく。

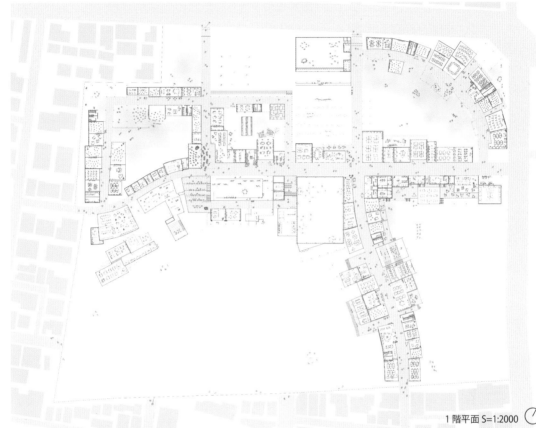

1階平面 S=1:2000

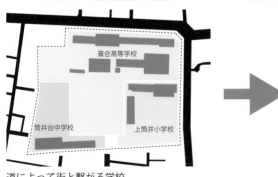

道によって街と繋がる学校

敷地によって切断された行き止まりの道を、敷地を横断するように通す。敷地を横断する大きな道は誰でも通れる街の道として開放し、その大きな道沿いに特別教室や食堂や銭湯といった街の機能を配置し、誰でも使えるようにする。一方で、大通りを迂回する裏道は生徒だけが利用する道とし、クラスルームを道沿いに配置する。

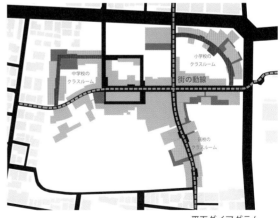

平面ダイアグラム

Q. 模型の注目ポイントを教えてください。 ▶ **A.** 道と広場と屋根の学校です。それらの関係性が子供たちの居場所となるように丁寧に設計しました。

横浜の未来
「横浜インナーハーバー」

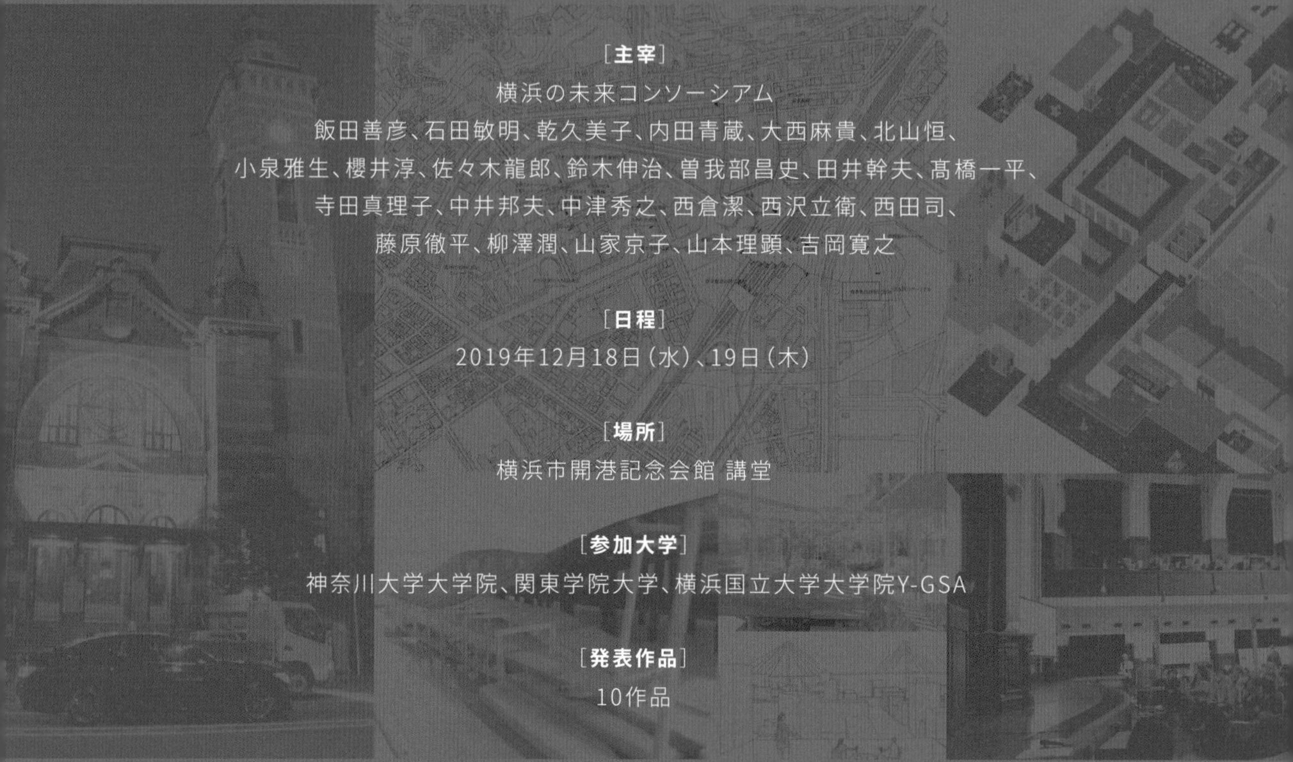

[主宰]

横浜の未来コンソーシアム

飯田善彦、石田敏明、乾久美子、内田青蔵、大西麻貴、北山恒、
小泉雅生、櫻井淳、佐々木龍郎、鈴木伸治、曽我部昌史、田井幹夫、髙橋一平、
寺田真理子、中井邦夫、中津秀之、西倉潔、西沢立衛、西田司、
藤原徹平、柳澤潤、山家京子、山本理顕、吉岡寛之

[日程]

2019年12月18日（水）、19日（木）

[場所]

横浜市開港記念会館 講堂

[参加大学]

神奈川大学大学院、関東学院大学、横浜国立大学大学院Y-GSA

[発表作品]

10作品

※当初は中間発表会での講評を受けてブラッシュアップ
した作品を、2月22日（土）の最終講評会にて発表予定
だったが、新型コロナウイルスの感染拡大により中止

「横浜インナーハーバー」学生プロジェクト

横浜を映す鏡

2019年夏、建築家の山本理顕さんが横浜にゆかりのある建築家たちに声をかけ、山下埠頭に横浜市が推進しようとしているIR（統合型リゾート）に対する立案を作成しよう、と呼び掛けた。今回の学生による「横浜インナーハーバー」プロジェクトはこの立案とともに、2009年に作成された「海都横浜構想2059」（※1）の再解釈、再構築ともいうべきプロジェクトである。この「海都横浜構想」とは北沢猛さん（故人：当時横浜市参与）を中心に港湾部から都市を構想する、という港町横浜らしい都市のありかたを模索するものであった。そこには伏線もあり、1992年に世界から建築家を招待し「ヨコハマアーバンリング展」というかたちで、このインナーハーバーに対する提案を募った。こうして生まれた横浜港に浮かぶリングの風景は学生たちにとっても非常に明確なメッセージを持っていたように思う。

つまり横浜にとってインナーハーバーはこれからの都市を考える上で最重要拠点であり、かつ部分的に分断されるものではなく、一連の活動をつなぐことにより、インナーハーバーそのものの価値が高まる横浜の資産なのである。

今回学生たちはこうした明確なメッセージのもと広範囲にわたった提案を示した。カジノありきで敢えて山下埠頭そのものに対する提案、アーバンリングを実体化するようなリング状の歩道でインナーハーバーをつなぐ案、港湾部の既存巨大パーキングを利用した新しいプログラムの提案、米軍がいまだに保持する瑞穂埠頭に新たな都市像を提案するものなど、枚挙に暇がない。神奈川県下の学生57名（横浜国立大学大学院Y-GSA 31名、神奈川大学大学院 21名、関東学院大学 5名）による新しい港湾のイメージの提案である。2019年12月にはその中から選抜された学生が公開で市民の眼前で中間発表を行い、2月22日には最終講評会を行う予定であったが、残念ながら新型コロナウイルスの影響で、最終講評は延期された。今回の学生の提案は横浜市民にどう映るだろうか。こうした瑞々しい提案こそが、真に横浜の未来を映す鏡だと願う。

柳澤 潤
関東学院大学 准教授
建築家

（※1）海都横浜構想2059（うみのみやこよこはまこうそう）：
2009年、神奈川大学、関東学院大学、東京大学、横浜国立大学、横浜市立大学の連携による横浜のまちづくりへの提案。

横浜の未来
「横浜インナーハーバー」学生プロジェクト
最終講評会

2020年2月22日（土）

［主催］
横浜の未来 コンソーシアム
飯田善彦、石田敏明、乾久美子、内田青蔵、
大西麻貴、北山恒、小泉雅生、櫻井淳、佐々木龍郎、
鈴木伸治、曽我部昌史、田井幹夫、髙橋一平、
寺田真理子、中井邦夫、中津秀之、西倉潔、
西沢立衛、西田司、藤原徹平、柳澤潤、山家京子、
山本理顕、吉岡寛之

［特別協賛］
総合資格学院

［後援］
日本建築家協会（JIA）関東甲信越支部
神奈川地域会

［協力］
神奈川県住宅供給公社

「横浜インナーハーバー」学生プロジェクト
中間発表会

2019年12月18日（水）　17:30〜21:00
横浜市開港記念会館

主　　　催：　横浜の未来コンソーシアム
特別協賛：　総合資格学院
後　　　援：　JIA関東甲信越支部 神奈川地域会
参加大学：　神奈川大学大学院、関東学院大学、横浜国立大学大学院Y-GSA

司会

寺田真理子（横浜国立大学大学院Y-GSA准教授）

1. プログラム

基本となるマチのカタチ

分析したことを元にマチのカタチの基本単位を 2,000㎡ とし、そこに住まう人数を 80 人以下とすることで都市をコントロールをする。

| 2000㎡ MAX 80 人 | = | 分析を元に 2,000㎡ を職と住が密接に関わる暮らしが行われる範囲とする |

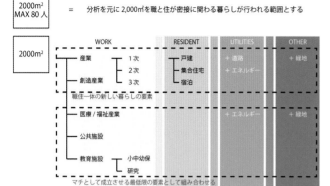

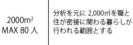

| 2000㎡ MAX 80 人 | 分析を元に 2,000㎡ を職と住が密接に関わる暮らしが行われる範囲とする |

個性を持った経済圏として循環するある一定の範囲が形成される

近隣住区の関係により自立した特徴的な活動が行われる範囲

都市全体としての生活を豊かにし経済圏同士の相互の関係をつくる公共空間

循環する都市

都市として成立させるために暮らしの場だけではなく働く場、インフラなども設ける。それらを相互の関係の中で循環させることで都市の基盤を整える。

生活廃棄物の循環
ゴミが肥やしやエネルギーになる

水の循環
生活排水や雨水を浄化する

エネルギー循環
再生可能を中心とした発電システム

食べ物
同じエリア内で獲れた物で暮らす

建築の構成

今日まである農家や舟屋などの建築的特徴を基本的な建築デザインに落とし込み、マチとしてランドスケープに配慮する。そこからそれぞれの生業や活動に合わせてデザインを派生していく。

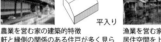

平入り

農業を営む家の建築的特徴
軒と縁側の関係のある住戸が多く見られる。作物を干すなども

妻入り

漁業を営む家の建築的特徴
居住空間を上に持ち上げ、下の空間に船を停めたり道具をしまったりする

3. 提案内容

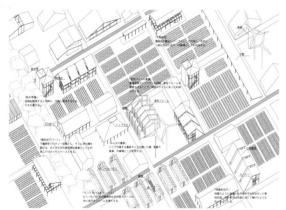

農業モデル

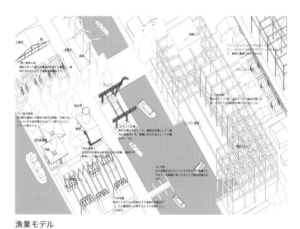

漁業モデル

フトウクラシ
山下埠頭における
自立型職住一体都市計画

設計趣旨 インナーハーバー地区の現状や規模、人口構造を把握し、山下埠頭の地形を生かしつつ、ささやかな要素の連続が機能する暮らしの場を計画した。マチのカタチの基本単位を2,000㎡とし、そこに住まう人を80人以下とすることで都市をコントロールする。そして、暮らしの場だけではなく働く場、インフラなども設け、それらを相互の関係の中で循環させることで都市の基盤を整える。建築の構成としては、今日まである農家や舟屋などの建築的特徴を基本的な建築デザインに落とし込み、周辺との連続性や新たな関係性を考慮しつつ、それぞれの生業や活動に合わせてデザインを派生させ、山下埠頭に新たな価値を与える。

2. マスタープラン (Pixel City)

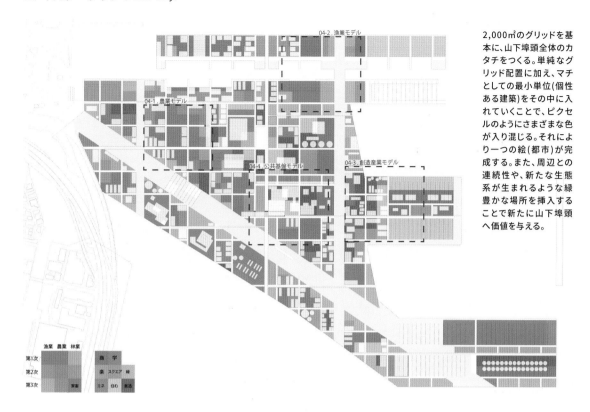

2,000㎡のグリッドを基本に、山下埠頭全体のカタチをつくる。単純なグリッド配置に加え、マチとしての最小単位(個性ある建築)をその中に入れていくことで、ピクセルのようにさまざまな色が入り混じる。それにより一つの絵(都市)が完成する。また、周辺との連続性や、新たな生態系が生まれるような緑豊かな場所を挿入することで新たに山下埠頭へ価値を与える。

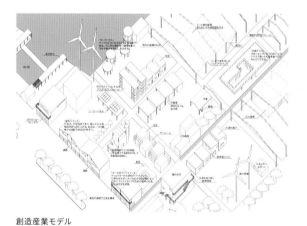

創造産業モデル

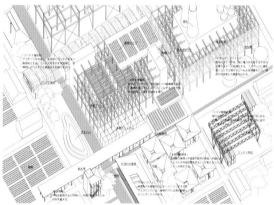

公共基盤モデル

用途：自立型職住一体都市
敷地：山下埠頭

神奈川大学 Aチーム

掛川 真乃子・佐塚 将太
長谷川 舞・Maria Camille

神奈川大学大学院 工学研究科
建築学専攻
石田研究室 曽我部・吉岡研究室
中井研究室 M1／留学生

1. 計画

柱とスラブだけで構成する。水平垂直が強調された構築物は、自然の有機的な空間やモノと相反するものであると考える。そのような背反するものが混在した「都市における森のような浮舟」を提案する。

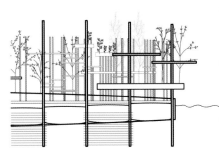

- **貫通する丸柱**
  貫通する丸柱は舟全体を統合する役割をもち、樹木と連続し、人工と自然が混在する森を想起させる空間をつくる。

- **人の居場所となる水平スラブ**
  人の居場所となり、背の高い樹木が植えられている。また、地盤面が海水に浸かりやすい側面付近では、小上がりしたスラブの上に植えられている。

- **人の振る舞いを誘発する装置的スラブ**
  いろいろな高さや大きさで設けられた装置的スラブは、人の振る舞いを誘発する。また生態系の住処にもなっている。

2. プロセス

2-1. アプローチの仕方

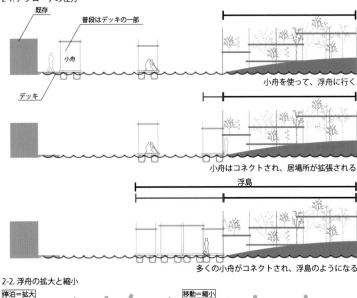

既存／普段はデッキの一部／小舟／デッキ

小舟を使って、浮舟に行く

小舟はコネクトされ、居場所が拡張される

浮島

多くの小舟がコネクトされ、浮島のようになる

2-2. 浮舟の拡大と縮小

停泊＝拡大／移動＝縮小

アプローチとして用いる小舟が集積して浮島となる

縮小した浮舟は次の地点で再び拡大する

2-3. 土木的空間に生態系を媒介とした活動

高架下的空間／生物共存ポッド
使われていない空間に生態系が侵食

せり出した建物／生物共存カーテン
既存建物の活用により立体的に生物の空間を創出

高さのある護岸／生物共存デッキ
陸地と水面の中間領域となるデッキ

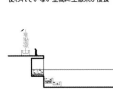

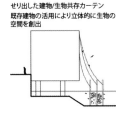

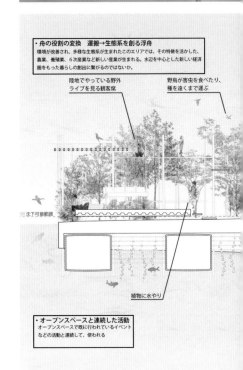

- **舟の役割の変換　運搬→生態系を創る浮舟**
  環境が改善され、多様な生態系が生まれたこのエリアでは、その特徴を活かした、農業、養殖業、6次産業など新しい産業が生まれる。水辺を中心とした新しい経済圏をもった暮らしの創出に繋がるのではないか。

陸地でやっている野外ライブを見る観客席

野鳥が害虫を食べたり、種を遠くまで運ぶ

立入可能範囲

植物に水やり

- **オープンスペースと連続した活動**
  オープンスペースで既に行われているイベントなどの活動と連続して、使われる

フローティングアイランド
―生態系を用いた水際線開放のための浮舟の提案―

設計趣旨　かつて、輸送手段として水運が主軸であり、水際線には人の活動が溢れていた。現在は、計画敷地である新港埠頭とその周辺は再開発が進み、無秩序に高層建築が建てられ、土木的な水際整備により、閉鎖的な水際線が生まれたことで、内陸部と埠頭の関係を分断している。そこで、都市の中に自然と地域の日常を乗せた浮舟を提案する。環境が改善され、多様な生態系が生まれたこのエリアでは、その特徴を生かした農業、養殖業、六次産業など新しい産業が生まれる。浮舟は都市に生態系をもたらし、都市は自然に回帰される。自然は人々の日常を抱え込み、人々の日常は分断された地域に関係性を創出する。

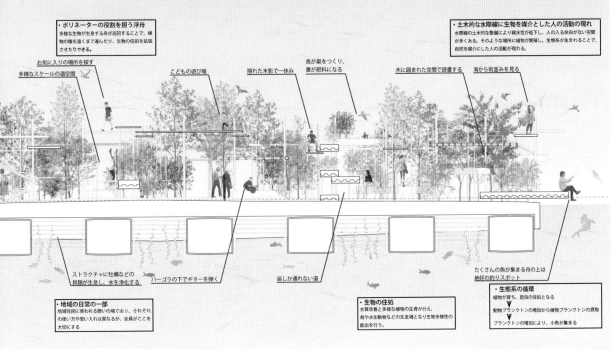

・ポリネーターの役割を担う浮舟
多様な生物が生息する舟が巡回することで、植物の種を遠くまで運んだり、生物の住処を拡張させたりできる。

・土木的な水際線に生物を媒介とした人の活動の現れ
水際線の土木的な整備により親水性が低下し、人の入る余白がない空間が多くある。そのような場所に植物が繁茂し、生態系が生まれることで、自然を媒介にした人の活動が現れる。

お気に入りの場所を探す
多様なスケールの道空間

こどもの遊び場

隠れた木影で一休み

鳥が巣をつくり、糞が肥料になる

木に囲まれた空間で読書する

海から街並みを見る

ストラクチャに牡蠣などの貝類が生息し、水を浄化する

パーゴラの下でギターを弾く

猫しか通れない道

たくさんの魚が集まる舟の上は絶好の釣りスポット

・生態系の循環
植物が育ち、昆虫の住処となる
動物プランクトンの増加から植物プランクトンの摂取
プランクトンの増加により、小魚が集まる

・地域の日常の一部
地域住民に使われる憩いの場であり、それぞれの使い方や思い入れは異なるが、全員がここを大切にする

・生物の住処
水質改善と多様な植物の生育が行え、鳥や水生動物などの生息場となり生物多様性の創出を行う。

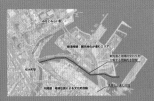

用途：浮島・地域のシンボル
敷地：新港周辺の水際線

神奈川大学 Bチーム
齊藤 健太・前田 沙希
古本 将大・黄 莉芳

神奈川大学大学院 工学研究科
建築学専攻
石田研究室 曽我部・吉岡研究室
M1／留学生

1. 計画

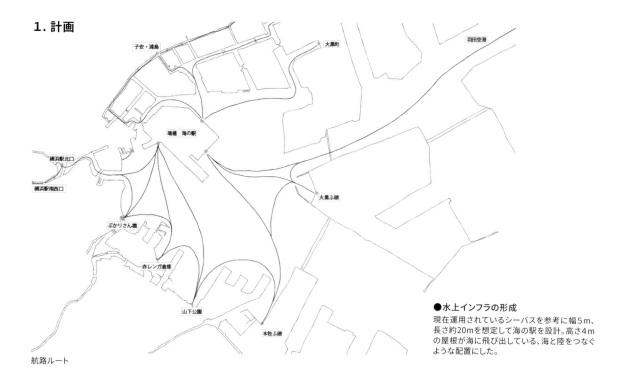

航路ルート

●水上インフラの形成
現在運用されているシーバスを参考に幅5m、長さ約20mを想定して海の駅を設計。高さ4mの屋根が海に飛び出している、海と陸をつなぐような配置にした。

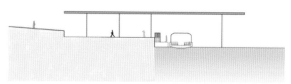

海の駅

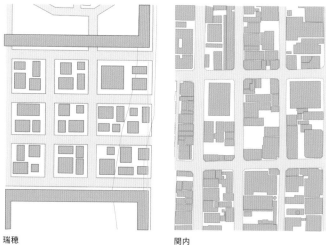

瑞穂　　　　　　関内

●都市の密度 関内との比較
瑞穂埠頭の街のグリッドは40m×40m、40m×70mで構成されている。建物同士の感覚を広くとることで低密度な街にし、海風を都市の隅々まで流す。建物の隙間には大小さまざまあり、広いところでは屋台などが並び、狭いところではビルの使用者が植物を育てるなど、自由に空間を利用する。
関内の街のグリッドは主に100m×50mで構成され、街の密度はかなり高く、風の通り抜ける隙間もないように感じる。道幅は広過ぎず、狭過ぎず適切な幅に感じる。

●道路率
瑞穂埠頭の総面積79haのうち、約24haが道路であり道路率は30%である。東京23区の平均の道路率は16.5%(平成29年4月1日調べ)であるため、本計画の瑞穂埠頭は道路がかなり多い。

●人口数
瑞穂埠頭に暮らす住人の数は、2,500世帯4人暮らしと仮定して約1万人が暮らすことを想定。120㎡の住戸が1,300戸、60㎡の住戸が1,200戸あり、暮らし方に応じた広さを選べるようになっている。

●緑被率
瑞穂埠頭の総面積79haのうち、約24haが緑地であり、緑被率は33%である。埠頭の周りには樹木が植えられており、港湾の周りから見ると島が現れたような景色が生まれる。横浜市神奈川区の緑被率は22%なので、それよりも多くなるように計画した。

●労働者数
瑞穂埠頭での労働者数は1人当たりのオフィス面積を15㎡とすると5万人である。島民の人が全員働けて、島外からの労働者が船を使って働きに来る。水上交通での通勤が、横浜港湾の海の活動を活発にする。

都市の孤島
―海と生きる島で暮らす―

設計趣旨 今回の提案は港湾都市・横浜として東京から自立した時の姿を仮定し、瑞穂埠頭に人々が住む都市を計画する。そこで、電車、バス、自動車、自転車、徒歩など陸上を移動する手段に加えて、水上交通である船での移動をインフラとして機能させる。横浜ならではの景観を生み、独自の地形を生かした交通手段はほかにはない。「横浜港湾には船が見られない」「港がない」とは言わせない、海に浮かぶ孤島としての新しい都市を提案する。横浜の港湾に暮らし、海とともに生きる未来の生活の可能性を考えた。

2. プロセス

●地形をつくる

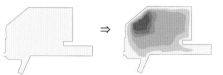 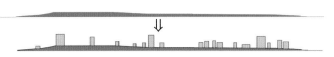

敷地を一度更地にする　　　海から離れた場所に15mの丘をつくる

丘に沿うように都市を描いていく
高いところから低いところへと街のエレベーションが都市の表情を生む

3. 提案内容

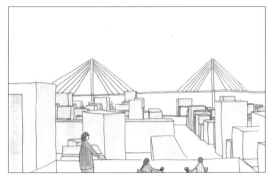

集住の窓から都市を見る

漁港の市場でお魚を買う

海の駅から通勤

フリーマーケットもやってるよー

優雅な休日だわぁ〜

今日の昼飯は屋台にするか

用途：オフィス、集合住宅、小学校、中学校、海の駅、漁港
敷地：瑞穂埠頭

高桑 健
関東学院大学
建築・環境学部 建築・環境学科
柳澤研究室 B4

1. 計画

● 階層的な中庭空間をつくる

a. 地形の中庭

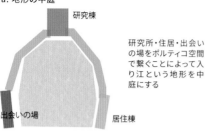

研究所・住居・出会いの場をポルティコ空間で繋ぐことによって入り江という地形を中庭にする

さまざまな入り江を中庭にしていく

b. 建物間の中庭

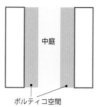

壁柱のポルティコが中庭空間を規定する

c. 既存の建物とつくる中庭

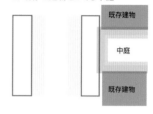

道路を活動が溢れるルームにしていく

多様な中庭が折り重なっていく

ポルティコを介して、中庭から次の中庭へと繋がっていく

2. 提案内容

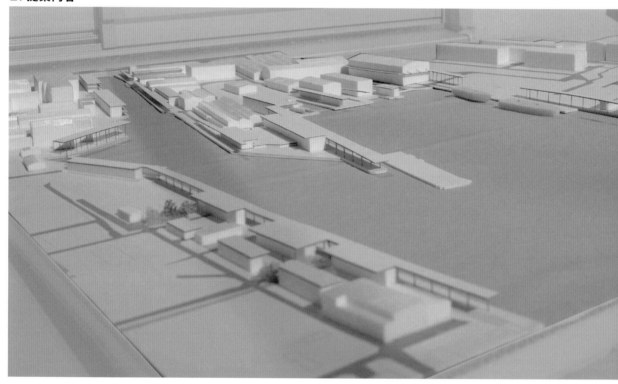

入江の
キャンパス

設計趣旨 ルイス・I・カーンの海辺に建つ実作の学び舎であるソーク研究所を再読し、その建築的特徴を生かした研究所を中心とする大学のキャンパスを構想。建物の間に挟まれたり地形を巻き込んだりといった階層的な中庭空間の構成や、45°の壁による中庭空間の操作といったものを用い、横浜市末広町に計画した。末広町が大小さまざまな入り江を持ち、理化学研究所の誘致がされていることから、横浜市内にある9つの理系の大学(院)の研究室からなる科学共同体をつくり、さらに産学連携の学び舎として、施設既存の企業との共同研究を行うほか、図書館やホールという集会場を共同で運営していくことで、ラーニングコモンズを豊かにしていく。

●ポルティコの壁柱がつくる居場所

出会いの場としてのラーニングコモンズに加えて、ポルティコの街路的空間がstreetになり、出会いの場になると考える。

a. 壁柱の角度の違いによって空間が変わる

平行

建物側と中庭側で
空間を隔てる

斜め

方向性が生まれる

垂直

壁柱が左右の空間
を隔てる。建物側か
らの視界が抜ける

b. 壁柱の幅によって空間に違いが生まれる

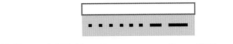

柱的　通路的　←――――――→　壁的　拠り所的

c. ポルティコのスケールによって中庭を一体的なものにする

中庭の大きさによってポルティコの立面が変わってくる。ポルティコの一体的な立面によって、ボイド
を中庭にする

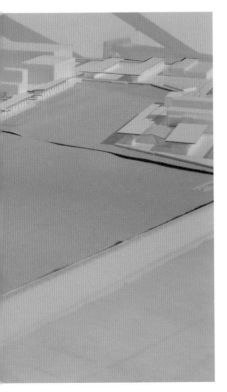

用途：大学のキャンパス＋研究所
敷地：横浜市末広町

恩田 福子
横浜国立大学大学院
建築都市スクール Y-GSA
大西スタジオ M2

1. 計画

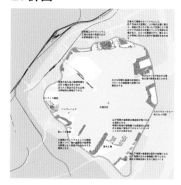

●超越したスケールが特別な物語をつくる

自分よりも長く生きているものや、圧倒的な大きさのあるものは、記憶に深く残ったり、自分を形づくる経験の大きな断片になったりする。古い建物や、大きな構築物、ずっと昔から生きている樹木などは、特別な物語を生み、聖域性をつくりだす力がある。それらのものを積極的に残し、圧倒的な中心性を持つ円形の海と共に生きる環境を考える。

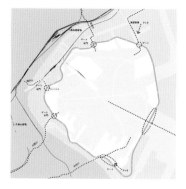

●海との接点

ベイブリッジが横浜港のゲートのような存在であるように、渡ったりくぐったりという橋が生む行為には何か特別な意味があるように感じる。全体をリング状に繋ぐために架けた橋や、既存の橋を海へのゲートとし、くぐる経験をより意識的なものにする。また、河川沿いの低地を水害から守るよう水門の機能を持たせたり、風の道も考慮した建物配置にしたり、海との接点を設計する必要があると考える。

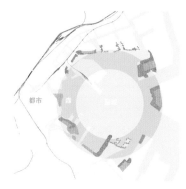

●森と都市で囲まれる海が聖域になる

現代都市の忙しく過ぎる時間の中で生活を送る人々にとって、日々の生活に寄り添いながら、より大きな時間の流れを感じられる、心の拠り所となるような固有の環境が必要ではないだろうか。生まれてから死ぬまでの儀式的な通過儀礼や、先祖に日々感謝し、自らの生活を振り返り、より日常的な物語によりそう環境のあり方とはどのようなものかを考える。

2. 提案内容

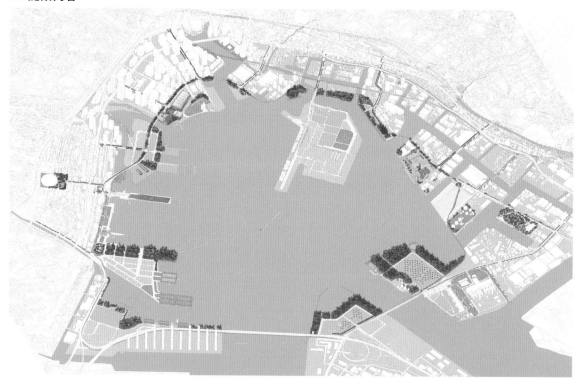

聖域のある都市

設計趣旨 都市に囲まれた円形の大きな海の存在に聖なる力を感じる。大きな自然がつくりだす領域性が、その土地固有の環境をつくりだすことはできないだろうか。聖域とは、日々の生活を送る俗世界とは切り離された、聖なる世界の領域である。人間や生き物の生と死を超えて存在する、人々が生活の中心であった。近代化によって、聖域は侵害され、死の存在というものが畏れや穢れといったものの象徴として都市から排除されることによって、没個性的などこか人間味のないどこにでも存在するような都市がつくられた。現代都市において聖域を考えることで、その場所独自の人間味のある生き生きとした都市に生まれ変わることはできないだろうか。

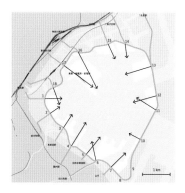

●緑で囲まれ守られた場所

海岸沿いの気候に適した郷土種の常緑広葉樹を主役とした森の内側に、樹木葬や記念樹などのような人々と直接触れ合える森をつくる。毎朝、森の周りをジョギングしたり、次世代型路面電車システム（LRT）に乗って森と海を眺めながらゆっくり時間をかけて1周したり、木の下で食事をしたり、森の中でお葬式をしたり、樹木に囲まれて結婚式をしたり、森と都市を行き来した豊かな生活を送る。

●リング状のLRTが
**　俗世界と重層性のある境界をつくる**

LRTとパークアンドライドによって市街地の車の侵入を防ぎ、交通渋滞や、排気ガスによる空気の汚染を防ぐだけでなく、車を降りて海まで人々が歩くことにより、広い街路は緑で溢れ、カフェのテラスが広がったり、道で自由に遊ぶことができたり、人間中心の世界になる。車や物、人が混ざり合う俗世界から、人中心の世界、海中心の聖域へとだんだんと移り変わっていく。

●聖と俗の交わる場所

既存の都市軸から海へと向かう道は海が見渡せるように、森を切り欠く。海が実際に見えたり、風やにおいで海を感じたりできる道は聖域への参道になり、緑が生い茂る。街路樹で囲まれた参道の先、大きな海の一歩手前には、鳥居やしめ縄のようなゲートとしてのLRTの駅がある。

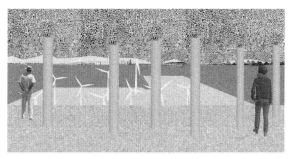

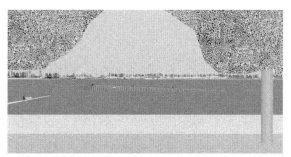

用途：冠婚葬祭の場、森、駅、公園
敷地：横浜の臨海部

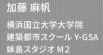

加藤 麻帆
横浜国立大学大学院
建築都市スクール Y-GSA
妹島スタジオ M2

1. 計画

現在の廃棄のあり方として、ブラックボックス化されたものたちに対し、処分の過程に余裕を持たせる。そして、市場ができ、人々が集まる場が生まれる。かつてあった廃棄の場としての自由さを残しながら、さまざまな人、生態系が享受できる場を設計する。廃棄された場所やものが中心となり、多くのものを許容する場となりうる。

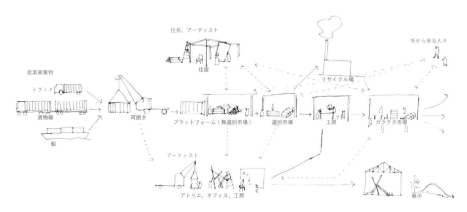

3. 提案内容

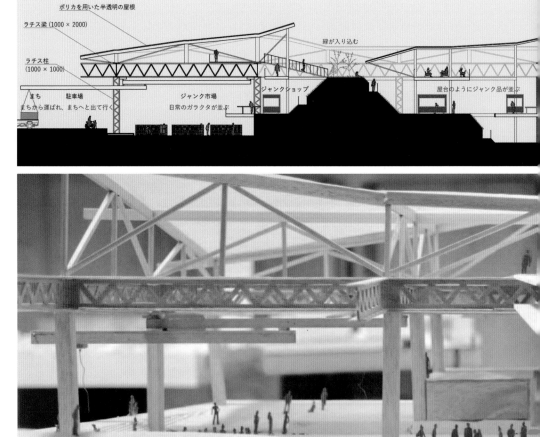

架構が
引き延ばされる

周縁を内包する場所
― 廃棄が形作る
新しい文化の発信地 ―

設計趣旨 敷地は東高島駅付近。最も初期の埋立地である。現在ここは東神奈川駅から近いにもかかわらず、都市から忘れ去られたような場所である。この場所に貨物線や道路を引き込み、インナーハーバー内の産業廃棄物を取り扱うリサイクル場、市場、巨大なスタジオなどを設ける。ブラックボックスである廃棄の過程が可視化され、そこが集まる場所となることで、廃棄という言葉がなくなる未来を描く。都市の周縁的な場所を都市が内包し、そこが新たな文化を創造する場所として立ち現れる。

2. プロセス

街から少し離れた場所は少し盛り上がっていたり、地続きで廃棄物があったりと、人から離れた場所になっている（右上の図）。これらの公園的な風景である街側と、工場的な風景である運河側の地形を操作し、相反する状況を共存させる。また、地形を掘ることでモノや人がたまる場所をつくり、掘る深度をモノの過程に沿わせて体感としてもプロセスが可視化されるようにする（右下の図）。地形に囲われた窪地とものの流れにより、クレーンを使い、海と陸両方のものの行き来をスムーズにするインフラ的屋根を架ける。そして、ランドスケープを形づくる被膜屋根でインフラ的屋根を覆う。

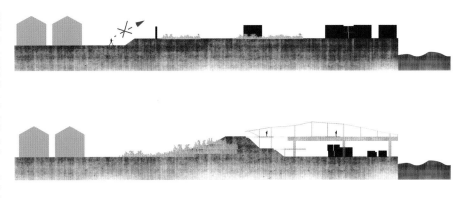

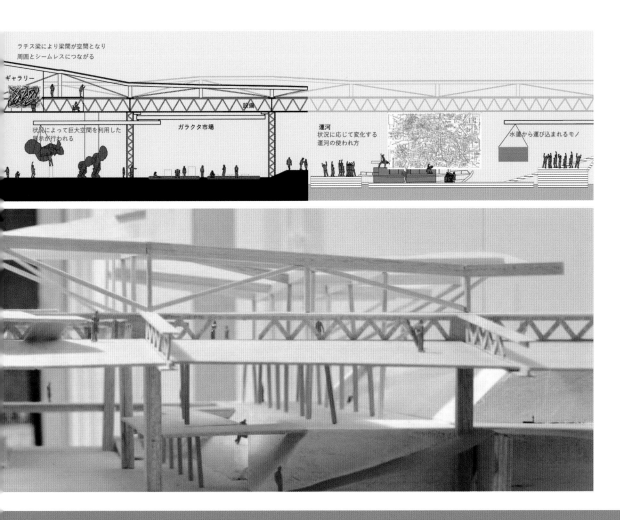

用途：ガラクタ市場
敷地：東高島駅周辺

久米 雄志
横浜国立大学大学院
建築都市スクール Y-GSA
藤原スタジオ M2

1. 計画

現在貨物線が走る敷地中央の線路は、将来的に使用されなくなることを想定して、緑の回廊とする。敷地の中心は海深が浅いという特徴から干潟をつくる。干潟によって、アーバンリング全体の水質が改善され、水辺に生きる生物や魚、鳥の住処になり、新たな生態系が生まれることを期待する。

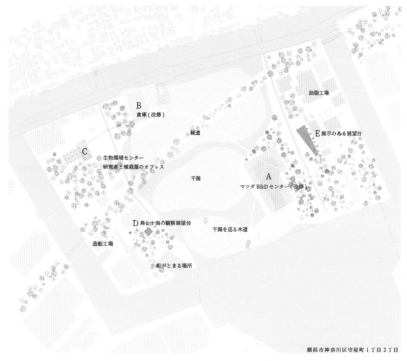

B　倉庫（改修）

緑道

油脂工場

E 展示のある展望台

C　生物環境センター
研究者と植栽屋のオフィス

干潟

A
マツダ R&D センター（改修）

D 鳥と干潟の観察展望台

干潟を巡る木道

造船工場

船がとまる場所

横浜市神奈川区守屋町 1 丁目 2 丁目

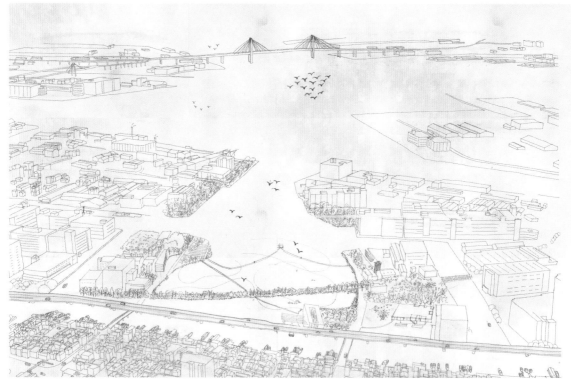

自然の回廊が
新たな生態系をつくる

設計趣旨 横浜臨海部にある線的な自然を軸に、アーバンリングを自然の回廊としてつなぐ計画である。横浜の臨海部には大きく分けて2種類の自然緑地がある。臨港パークや山下公園のような大きな公園的緑地と貨物線や車道脇に広がる線的な緑地である。これらは点々と存在しつながることはない。そこで、貨物線沿いや道路沿いに意図せず生える植物に注目した。これらの人間が介入せず自然にゆだねた空間には、多様な生態系が生まれている。臨海部の線的な緑地も相互につなげることで動植物や人々が自由に行き交い、新たな生態系を育む環境をつくれるのではないだろうか。

2. 提案内容

A／マツダR&Dセンター（改修）

既存の倉庫や自動車工場は大空間としてのポテンシャルを利用して、人間が入り込むことのない動植物のオアシスとしてつくり変える。

B／中外倉庫（改修）

工場の内側に海の水を引き込む。満潮の際は海に浮かぶ大きな構造物のように見える。ここは海と陸の際で育つ水草や小魚のための住処となる。

**C／生物環境センター・研究者と
　　植栽屋のオフィス（一部改修）**

この建築は既存の倉庫を一部改修している。1階部分のRC造はそのまま残し、2階部分は新たに鉄骨造として軽い雰囲気とする。1階は生物環境を研究する人のためのオフィスとカフェ、2階は植栽屋が管理、販売を行う店と干潟で獲れたものを調理するためのシェアキッチンを設ける。

**D／鳥と干潟の
　　観察展望台**

この鳥と干潟の観察展望台は、蔦がからまり合いながら森の中にある、森の一部のような存在としてイメージした。5階建てにすることで、建物の内側の際を巡り、階段を上がりながら海や森、干潟を眺められるつくりである。内にはギャラリーや小さな図書館、レクチャールームを設け、小さな学びの空間を重ねている。建物上部は植物が生い茂り、鳥や昆虫の住処にもなる。

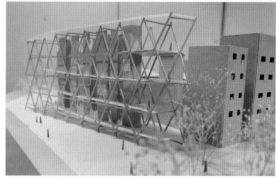

E／展示のある展望台

この建築は野外の展望台で、スロープを巡ることで海や渡り鳥たち、工場群を見ることができる。構造として要になる壁は、そこに生息する動物や植物についての展示を行う壁として使われる。

**用途：動植物と人が共存する場
敷地：横浜臨海部にある自然緑地**

古庄 百合香
横浜国立大学大学院
建築都市スクール Y-GSA
乾スタジオ M1

1. 計画

「産業の多様性から生まれる抵抗力」とは、賭博産業の好況は他の産業に打撃を与えることから、抑制されなければならない、そのために必要な産業森林の形成と持続可能な成長のことを意味する。

そうした考えに至ったのは、生態学の「攪乱」という概念に出合ったからである。攪乱は生態系を局所的に変化させるもので、火事、洪水、暴風、津波、地滑りなどが考えられる。攪乱は森林を極相に向かうのを防ぐことがあり、生態系の生物的な多様性を保持する役割があると言われている。「極端」の本質は「虚弱」である。カジノとホテルだけの産業となると、この地域はカジノがなくなった後の景気低迷を許容できないため、観光、ホテル、カジノ運営とともに発展できる「産業体系の森」を造成しなければならない。そして、単なる建築設計ではなく、「地域全体の未来の方向性」を考えたものである。この産業林の構造が複雑であればあるほど、将来的にはより強くなり、「カジノ産業の分離の攪乱」に直面しても成長を続けることができる。

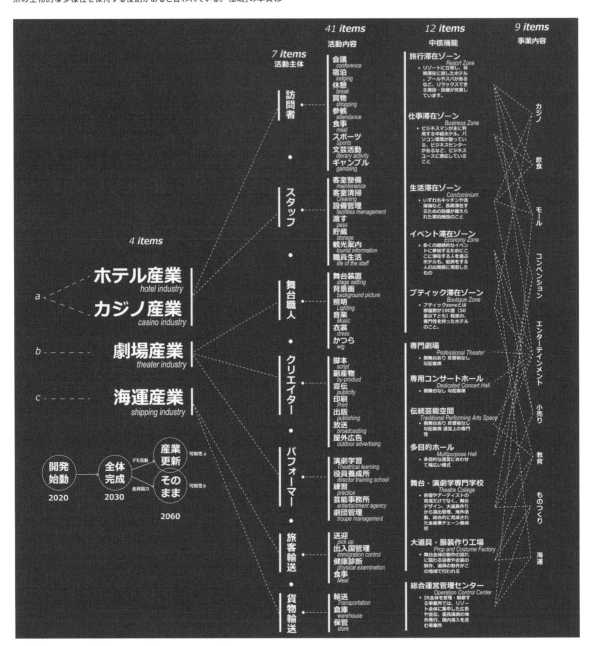

UniCorn IsLand
―昨日の歴史から明日の未来へ―

設計趣旨 「人間の尺度を尊重し、同じような世界になることに反対する」をベースに新しい都市開発計画のルールを考える。将来の都市空間の破壊を可能な限り減らし、ホテルや観光施設を利用しなくても楽しめる地域への移行に対する抵抗を減らす取り組みをしつつ「街全体がつながっている」をテーマに、建物全体が海に向いているので、海の景色を楽しめる場所を部屋だけでなく、広場などからも楽しめるようにする。このように、山下埠頭の再開発を機会に、新しい都市拡張方式を模索する。

2. 提案内容

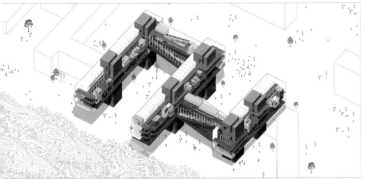

View of STREET SORA

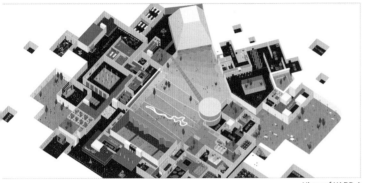

View of YARD A

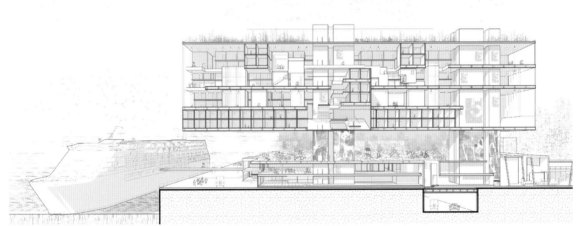

View of STREET SORA

用途：国際ターミナル、ホテルと劇場
敷地：山下埠頭エリア

張天成
横浜国立大学大学院
建築都市スクール Y-GSA
藤原スタジオ M1

1. 計画

●ミニハーバーを新設

ミニハーバーを足がかりに多焦点な駅を目指す。そのために、1960年代までは開渠だったが異臭問題などで暗渠化された、利用者が少ない緑道や自転車置き場になっている場所などを開渠化して水上交通を循環させる。ミニハーバーは、平常時は水上交通の駅となり、エリアの特色に合わせた場所となる。また、川沿いにミニハーバーを設けることで川幅が広がり、増水時には防災の機能も併せ持つ。

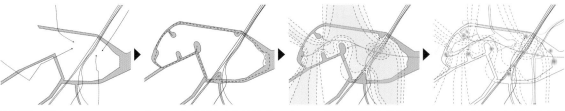

現在は駅一極集中

ミニハーバーを設け、水上交通を循環させる

ミニハーバーから地形的に都市軸を設ける

都市軸から枝分かれするように交通拠点が分散していく

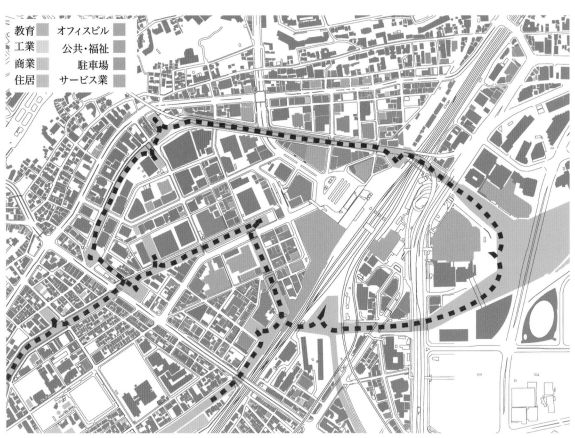

教育　オフィスビル
工業　公共・福祉
商業　駐車場
住居　サービス業

運河を循環することでさまざまな用途の地域の人の循環をつくる

Multi-central YOKOHAMA station

設計趣旨 日本では駅前空間が過度に高密度化されてしまい、駅ビルや交通広場、幹線道路によって駅前空間が占有されてしまっている。そのため、世界の駅で見られるような人々の活動は日本では失われている。そこで、鉄道駅前だけに乗り換えの空間が集中するのではなく、面的に広がることで人の活動が現れる駅を計画する。敷地である横浜駅は帷子川の河口に位置し、新田間川と呼ばれる運河に囲まれ、横浜駅近くでも水面は道路面と同じくらいの高さがある。この運河を利用してミニハーバーをつくり、水上交通を循環させる。同様に、高速道路の一部をバス高速輸送システム（BRT）化も行い、臨海部の新交通として整備する。

●BRT化

横浜北線が開通してから、保土ヶ谷バイパスから横浜都心部に流入していた交通が約1割減少しており、横浜北西線が2020年に開通することでさらに減少することが予想されている。そこで一部をBRT化してインナーハーバーの新交通として整備する。

国道1号線の上にある高速道路

線路上にある高速道路

2. 提案内容

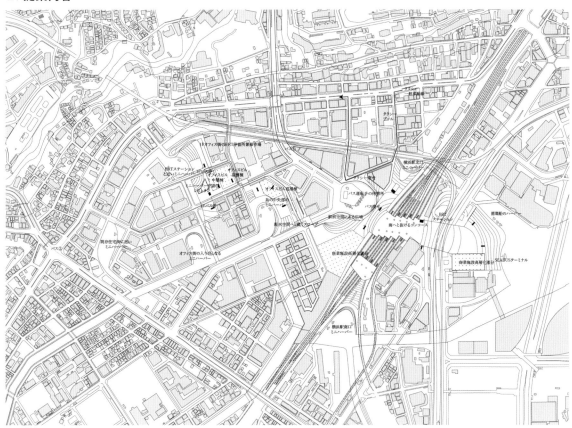

横浜駅全体計画 GL+6,000mm

用途：Transit-Oriented Development(TOD)
敷地：横浜駅周辺

三田 雄貴

横浜国立大学大学院
建築都市スクール Y-GSA
西沢スタジオ M2

1. 計画

●船と街が接する表面積を増やす

既存の3つの大ターミナルを船に乗り換えるターミ
ナルにする。客船ターミナルが街に分散することで、
街のインフラとなる。駅、ホテル、観光地などの外から
来た人の次の目的地となるところとともにターミナ
ルを計画する。

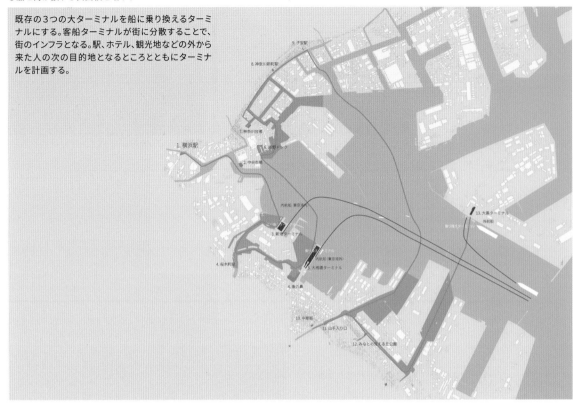

●河口や運河に賑わいを生む

新山下運河全体を船着場にする。1) まちなかターミナル、2) まちなかス
トップ、3) 渡し船、4) フリーエリアを設ける。まちなかターミナルは、山手
エリアの玄関口として駅や観光地などの主要路線を結び、主要路線から
ローカル船への乗り換えもできる。まちなかストップは市民が使う船の停
留所であり、橋詰に配置する。渡し船は橋と橋の距離が広い場所に置か
れ、自転車などの乗り入れもできる。フリーエリアには、個人所有の船な
どが自由に着岸できる。

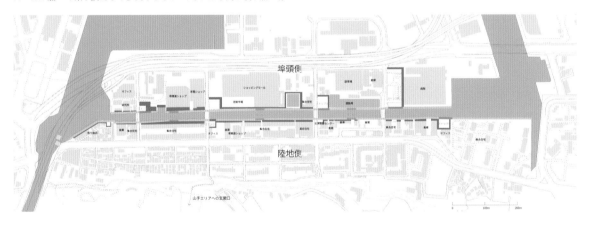

船がつくる町

設計趣旨 外からやって来る異物が街と関わることなく一箇所に集中し、そこに資本が
集まると、街とは関係のないカジノのようなものができてしまう。船に乗って外からやっ
てきた異物を、一部に集中させるのではなく、街全体で受け止めることで、街がそれに
反応しながら変化し、横浜らしく発展していくことができるのではないだろうか。船と街
が接する表面積を増やし、新山下運河全体を観光客だけでなく市民も使う街や主要
路線をつなぐ船着き場とすることで、街全体に賑わいを発生させる。さらに大きな埠頭
と小さな河辺をつなげることで、横浜の水辺に多様なスケールの暮らしを広げる。

●水辺に多様なスケールの暮らしを広げる

大きな埠頭と小さな川辺がつながり、地続きでは断絶されるような場所に人が住むようになる。それは既存の街から離れた島のような集落となり、そこでは新しい暮らしが生まれる。現在は川とは関係なく建っている

建物での小さな暮らしが埠頭とつながり、大きな暮らしを横断しながら生活することができるようになる。

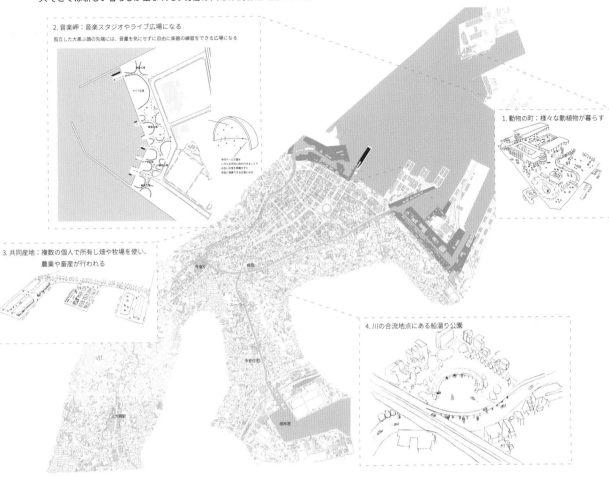

2. 音楽岬：音楽スタジオやライブ広場になる
孤立した大黒ふ頭の先端には、音量を気にせずに自由に楽器の練習をできる広場になる

1. 動物の町：様々な動植物が暮らす

3. 共同産地：複数の個人で所有し畑や牧場を使い、農業や畜産が行われる

4. 川の合流地点にある船溜り公園

2．提案物

用途：船着き場、運河
敷地：横浜の臨海部

物井 由香
横浜国立大学大学院
建築都市スクール Y-GSA
妹島スタジオ M2

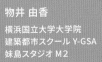

「横浜の未来」シンポジウム

　学生発表会の翌日19日には、経済学者の金子勝氏、憲法学者の木村草太氏を迎え、
「横浜の未来コンソーシアム」を主催する北山恒氏、山本理顕氏の両建築家を交えたシンポジウムが開かれた。
前半の各パネリストによる講演を踏まえて、後半では「みなとみらい」を中心に開発されてきた横浜の街の姿と
横浜市が進めるIR誘致の計画、そして今後、横浜が目指すべき都市デザインについて市民も交え多くの意見が交わされた。
ここではパネリストによるディスカッションを収録した。

2019年12月19日（木）　17:30〜21:00
横浜市開港記念会館

主　　催：横浜の未来コンソーシアム
特別協賛：総合資格学院
後　　援：JIA関東甲信越支部 神奈川地域会

パネリスト

金子 勝（立教大学大学院特任教授、経済学者）

北山 恒（法政大学教授、横浜国立大学名誉教授、建築家）

木村 草太（東京都立大学教授、憲法学者）

山本 理顕（名古屋造形大学学長、建築家）

司会

藤原徹平（横浜国立大学大学院Y-GSA准教授）

藤原 まず、北山先生に前半の各先生方の講演について感想をお伺いできればと思います。

北山 金子先生、木村先生、山本先生の発表は皆切り口が鮮やかで納得することが多かったです。私は同じ建築家として、山本先生の考えに最も共感しましたが、特に社会が縮減していく中で未来をどのようにつくっていくかが重要な課題だと感じています。拡張拡大していく社会の都市デザインについては、理論もお手本もあります。都市の拡大に合わせて、郊外地に住宅専用地を開発してきました。しかし、人口が減少し、定常あるいは縮減していく社会をデザインする方法は確立していません。経済についても、今までの重厚長大な産業を目指すのではなく、「小商い」とおっしゃられましたが、創造的な産業を目指す必要があります。私は地元

の大学教員として、長年横浜の都市計画に携わられてきた北沢猛先生と一緒に作業をしていましたが、北沢先生もまさに山本先生と同じ方向を目指し、創造都市の種まきを一生懸命されていました。新しい産業が必要で、それには住宅が絡んでくる。人が住むことで生まれる小さな産業の連関が大きな経済をつくっていく。そのようなイメージが描けるのではないでしょうか。

北山恒氏

藤原 新しい産業、サーキュラーエコノミーと最近言われておりますが、そのような小さな産業の連関が大きなインパクトを持ちうる可能性があるということについて、金子先生はどのように考えられていますか。

金子 山本先生と木村先生の議論を現実に置き換えて考えてみると、問題がより分かりやすくなると思います。北山先生が指摘されたように人口減少が進む中、これまでのように「みなとみらい」に大量にタワーマンションを建てると、無秩序に都心部に人が集まり、横浜の周辺部が虫食い状態になっていきます。既に金沢区は人口が減り始めています。そうなると公営住宅のリニューアルを含めて再生計画が不可能になる。山本先生の提案は「そのような街でいいのですか」という問いかけだと思います。一方、木村先生は、横浜市が進めているIR構想について、それがすでに「みなとみらい」にあるのに、山下ふ頭にもう一つつくるのですか？共倒れになりませんか？という問いかけです。実は私は「沖縄タイムス」で1年間連載したことがあり、その時に沖縄について調べましたが、実を言うと沖縄は翁長県政の頃、アジア経済戦略課を県庁内につくり、シンガポールや台湾、韓国はじめアジアのさまざまな国に駐在所を設置しインバウン

ドを呼び込む周到な働きかけを行ったのです。ホテルの建設ブームもあり、日本の経済が低成長の中で年率10%を超える成長をしたのが実は沖縄です。翻って横浜は山下ふ頭をIRにして、アジアの中間層を呼び込もうと考えていますが、それが本当に可能なのか。このシンポジウムの会場である開港記念館や税関など歴史的資産が多く、中華街はじめ横浜にはアメニティがたくさんある。そういった既存の資産を踏まえて、どのような施設を新しくつくるのか。横浜市は深い戦略とビジョンを持っていないのではないかと思えてくる。昨今、ギャンブルはインターネットでも盛んに行われていて、カジノは世界的に見て衰退産業と言えます。人がカジノ目当てでわざわざ横浜まで来るでしょうか。おそらく横浜市民としては「競艇場や競輪場がある横浜はやめてくれよ。評判も街の雰囲気も悪いし良くないだろう」という感覚が先立っていると思います。

人口が減少する中で面的に考えた時に、今のタワーマンションやIRを突き進めていく方法が横浜の全体像をいかに壊してしまうかをまず認識することが大事。その上で本当に人を呼べる提案はないのか真面目に考えたほうがよいと思います。

金子勝氏

藤原 経済政策の面からも真剣に考えるべきですよね。木村先生から今日、山本先生や金子先生、北山先生のお話を聞いて、気づいた点があれば教えてくだい。

木村 私自身は25歳まで横浜に住んでおりましたが、街の様子は15歳から25歳ぐらいの10年分程度しか印象がありません。北山先生の講演を聞いて、横浜の都市デザインの歴史には4回の切断があるということを学びました。横浜は観光

地や施設などの文化資産がある場所と、まったく無い場所とが斑にある印象を持っていましたが、それには4回の切断が影響しているのではないかと感じました。

では街を今後どのようにしていくのかという話ですが、前半の講演でお話したように、私はカジノ単体であれば検討してもよいと思っています。一度カジノをつくって、それが失敗したら別の事業を考えればよい。しかし、今回のIR法はいろいろおまけを付けなければならない。むしろカジノがおまけで、国際会議場など大型施設をつくったらカジノも許可しますという法律です。カジノ以外にさまざまな施設をつくるのは、横浜に負担をかけるのではないかと心配です。

金子先生からお話いただいたように、今後は新しい産業を興していくという視点がとても重要でしょう。これまでに無かった発想で、さまざまな刺激を与えていくことによって、新しい産業が創られていく。そのようなことが非常にクリアになるお話だったと思います。

日本が創造的な人材を海外から呼び込むためには、言葉や距離の問題など課題は多いですが、一方で、優位な点も多々あります。例えば、日本は割と宗教的な寛容性があると言われています。支配的な宗教のある地域ですと、外国から移住した人々が、母国のような寺院を建立したいといっても、なかなか難しいでしょう。これに対し、日本なら、土地さえあれば比較的スムーズに進むのではないでしょうか。実際、そのような例を知っています。

山本先生が観光地住宅をつくり、さまざまな人が住みながら産業を興す、海外からも人を呼ぶ、移民を呼ぶと話されましたが、その中に、移民の人々の宗教施設があってもよいのではないかと思いました。

未来の横浜を描くためには、市民の皆さんが横浜に足りないものについてアイデアを出し合うことがすごく大事だと思います。その街の機能や能力は、世代によっても異なります。横浜は、若い世代がデートをする場所はいろいろあります。しかし、子どもを持つ世代になってみると、意外と子どもと一緒に自由に遊べる場所がないことに気づきます。みなとみらいや八景島の遊園地はあっても、子どもがのびのびと走り回れるような場所があまりない。そういったことも含め、これからは足りないものを市民が要望し、それを総合的に受け止めて都市計画、開発計画を作成していくことが有効かと思います。規制の強いIR法をもとに国の認可を受けて実施する計画よりも、市民が参加をして自由に創造性のあ

る空間をつくっていく方法のほうが、有効ではないかとお三方の話を聞いて思いました。

木村草太氏

藤原　確かにそうですよね。今回のIR法は、地域意識が醸成されていないところのための一つのパッケージにした都市計画のように感じられますね。

木村　台湾のIR法は、離島開発が目的で、開発が進んでいない地域で適用する建付けになっているようです。周囲がかなり開発されている山下ふ頭のような地域を想定してはいないわけです。

藤原　金子先生のお話の中で社会正義について触れられていましたが、私が気になったのは市長がIRを説明する際に社会データから説明されたことです。要するに横浜は人口が減り高齢化して、財政が大変。だから今回のIRは社会正義のためにやむを得ないと。

金子　市長は人口を増やすことが正しいということを主張されているけれど、そこにカジノを結び付けたら社会正義にならないでしょう。

藤原　横浜市とは、そこは粘り強く対話をしたいですね。

金子　しかも、あの公約のやり方も突然過ぎます。最初は態度を明らかにしないで、選挙に通ったら大っぴらに打ち上げる。実は横浜の人口を増やすためのIRだと。選挙民に一度も相談していません。社会正義とは言えないですよね。

山本先生はもちろん集合住宅に対してたくさんの知見を持っていらっしゃるから公営住宅の問題を指摘されていますが、公営住宅とタワーマンションという対極的な住宅の在りようを放置して、タワーマンションを「みなとみらい」に立て続けに建てて、そこに大量の住民が吸い込まれていく。

そのような状況下で横浜市全体はどうなるのでしょうか。高齢化で人口が減っている地域も出てきているわけです。横浜全体を面として、どのような街として構想していくかについて、市長は深く考えていないでしょう。

［藤原］北山先生がお話されたように、2009年に横浜市の基本構想が描かれてから10年以上、構想は更新されていませんね。

［金子］山本先生が新しく提案をしたのは、真ん中の港湾地域で、客が呼べる観光施設、住みながら観光するわけですが、それは実現可能だと。IR法のような発想ではなくて、横浜の中に観光が埋め込まれるような案です。バザールでも、ベネチアのように運河があっても良いのだけれど、人がそこに住みながら、観光によって外の人を呼べるような、商売になるような世界がある。それは高層住宅ではなく、せいぜい4階建てくらいで十分ではないか。それと、横浜市全体の人口が面的に虫食い状態になることを防ぐベルト地帯を生み出すために、公営住宅をリニューアルしたほうがよいという。少なくとも市長が出しているような唐突で手続きもおかしい案よりは共感しています。IR案では、横浜が良くなるというよりも、横浜が積み重ねてきたものをぶっ壊す材料にしかならないだろうと僕は思います。そのような中、北山先生が歴史を振り返り、山本先生は新しい提案を示し、木村先生は法律的に、私は経済的な視点から意見を述べた。そのうえで、今の計画がどういう点で合理的なのですかという話の流れになっていると思います。

会場となった横浜市開港記念会館

藤原徹平氏

［藤原］山本先生にお話を伺いたいのですが、例えば山本先生が設計された東雲の公団はおそらく都市型の集合住宅が地域を豊かにすることに対して先駆的な試みを行い、成功した事例だと思います。しかし、なぜかあれ以降URはソーシャルハウジングの新たな挑戦をしなくなってしまった。それに対して山本先生は疑問を持たれていると思います。また、今日の前半の講演で示されたのが、地域が循環するだけではなく、観光地にもなり得るのではないかという話でしたが、普通の街が観光地になっていくためにはどのような要素が重要だとお考えですか。

［山本］IR計画は会議場や展示施設、それからホテルや美術館、ホールをつくれば人が集まり、街が潤うと思っているのですね。しかし、それは全て住人の日常生活とは関係ない施設ですよね。今、現に「みなとみらい」にある会議場も美術館も、コンベンションホールも、単にグローバルな商業施設を誘致するための方便でしかありません。実際に横浜市民の日常生活からは遠いものになってしまっています。公共建築がそれぞれ官僚制的に断片化されているからですが、僕はそれを公共建築の施設化と呼んでいます。本当に住人にとって必要な美術館や図書館が単なる施設として地域から切り離されてそこにあるだけで、それを公共施設だと思い込んでいる。木村先生が指摘されたように、施設化された建築は「みなとみらい」にとっくにある。前半でお話したように年間2400万人もの人がベニスに訪れるのは、住人達が自分たちの力で快適な生活や楽しい空間をつくったからです。ベニスだけではなく、世界中の観光地を楽しい場所にしているのは住民なのです。しかし、今までの都市政策はそうは考えられてこなかった。住宅は郊外の静かな環境に建

てる。子育ての場所であり、高齢者ケアする場所であり、住む人が住宅の内側で充足する場所です。そうした住み方を「一住宅一家族」システムと言いますが、一つの家族が一つの住宅に住むのは当然だと思っている。建築家たちも今まで郊外に、そのような「一住宅一家族」の住宅しかつくってこなかったのです。そしてそれが今は都心のマンションになっている。行政も「一住宅一家族」を公共住宅として供給してきたけれど、振り返ってみて僕は失敗だと思っています。一住宅一家族の住宅は単に消費の単位でしかないからです。人口が減少する社会では、ただ消費するためだけの住宅は、今後我々は持つことができなくなると思います。住むことと商売することが一体的になるような住み方が求められます。例えば、金子さんが前からおっしゃっている6次産業化

山本理顕氏

です。住宅の6次産業化は非常に重要なファクターだと思います。第一次産業が農業だとしたら、それを商品に加工（二次産業）して流通・販売（三次産業）する。一次と二次と三次を足し6次産業化と言いますが、住宅は6次産業化の実現に寄与する部分は非常に大きい。観光、農業、ものづくり、いろいろな産業が考えられますが、産業と一緒に住宅を考える。横浜はもちろん日本のどの地域でも、そのようなことはやってこなかったのは、住宅は消費のための場所だと思ってきたからです。未だに住宅メーカーはファミリータイプとワンルームマンションの2種類のタイプしか供給していない。これほど貧しい住宅政策はないと思います。明治時代にしろ大正時代にしろ、住宅ではさまざまな他者が一緒に住んでいた。それが戦後、住宅を単なる消費の場所とみなし大量につくってきた。今の都市の衰退の大きな原因になっ

ていると私は思います。

北山 現在、それが先鋭化しているのがタワーマンションだと思いますね。タワーマンションは住居専用で玄関はロックされて住人しかいないことになっているので、外からアクセスできません。商売なんて不可能ですよね。住人は真ん中のエレベーターに乗り、内側の廊下を通って鉄の扉を開けて中に入り無限の遠方を見ている。隣の人は何をやっているのか分からない。隣の人と無関係であることが商品としての一番の価値で、コミュニティをつくらない、売り逃げのできる不動産商品です。2002年に都市再生特別措置法が施行されるのですが、それ以前、横浜は高さ制限を厳しくかけていたので高い建物は建たなかった。しかし、法律が建設をサポートして、タワーマンションが林立する都市のメカニズムをつくってしまった。それに対して山本先生はそうではなく、住宅の概念そのものから変えていく必要があると主張されている。

藤原 神戸市がタワーマンションを条例で規制して低層の集合住宅を誘導することを最近政策で決断されました。神戸市は市長を中心に集合住宅と創造都市を一体で進めていくことを目指しています。それが政令指定都市間の切磋琢磨に繋がれば、横浜や日本にとって良い影響を及ぼすと思います。このまま無秩序に横浜にタワーマンションを建てて良いのかというのは、今日のシンポジウムを聞けば深刻な問題だと分かるはずです。

金子 おそらく、雑然としている中で人と交流しながら一つの空間ができている状態がわくわくするような空間だと思います。バザールではないですが、例えば能登だったら朝市があるわけです。それから東京だと谷中銀座商店街に行けば普通のスーパーに売ってないものを加工するなどして店が非常に特色を持っている。交流人口もある。逆にあまり客の来ない貸し布団屋や電器屋もあるが、それはそれで成り立っている。錦糸町では全ての種類の虫眼鏡が揃っているという専門特化した店もある。IRによって、「みなとみらい」の横に、近代的な施設を同じパターンで建てても人は呼べないと思う。6次産業化という言い方は港の真ん中では難しいですが、例えば東京の光が丘の団地で練馬大根をつくっていると住宅地が近いので農薬が使えないのですね。糞尿も臭いがするので、落ち葉の腐葉土でつくっている。それで農家レストランをつくって大繁盛している。そのような事例はあるのです。雑然とはしていませんが、営んで

いる人達がさまざまな形で創意工夫しているので、一つの方向性を持っていないのです。それぞれが個性を主張している。しかし何となくこれが全体としてお仕着せでない自由な雰囲気と、そこに人が持続的に集まってくる状況を実現している。そういう動きを人為的につくるには結構時間がかかります。有名なものに滋賀の長浜の黒壁のまちづくりという事例があって、滋賀県は近江商人の街なので結構お金持っている人達がいて、彼らが黒壁を保存するのです。街の全ての壁を黒壁にして、北海道出身の人がお店を開いたり

しましたが、JR大阪駅から直通列車が通るようになると、外から多くの人が当たり前のように来て栄えるようになるわけです。そこには、一定の秩序感はありますが、それはコンセプトだけなのです。黒壁という共通する魅力があって、あとは皆が自由になんとなく交流しているという街の在りよう

なのですね。そういう所が人を持続的に呼べる。例えば東京の真ん中で六本木ヒルズに行くと寂れた古い街になっています。赤坂サカスもそうなりつつある。ほとんど同じようなパターンを次々に計画してつくっていく。建設する側は儲かります。IRも施設を1セットつくる時はすごく儲かる。けれどそれが持続して人を呼び込むような個性を主張できていません。だから本当の意味で、皆がどういう街にしたいのかという緩いコンセプトを立て、思わぬ効果が出る街が自然にできるような形が良い。中心部の開発だけではなく、山本先生が提案したように周囲から穏やかに連携していくような、広く横浜をつくり上げていくために必要な項目を皆で出し合い、積み上げていくことが最も重要だと感じています。今日の「横浜の未来シンポジウム」はそのキックオフと僕は思って参加させていただきました。

COLUMN
住職一体の生活空間を提案

2020年7月、シンポジウムに登壇した山本理顕氏と北山恒氏は大手ハウスメーカーらと共同で、横浜山下ふ頭のIR施設整備に関し、カジノを含まない住職一体の街づくり構想を提案した。山下ふ頭の敷地全体に7mの人工地盤を築き、その上に4階建ての住職一体の施設を整備。街を人工地盤の上につくることで高波・浸水に備えるとともに、建物を低層にすることで全階が商業空間として利用可能になる。また、建物の配置は通りを挟んで相互に向かい合って建つ「両側町」とすることで、「町家」のようなイメージを持たせた。計画人口の約半数は65歳以上の高齢者を想定し、住居で家業を営み街の継続発展につなげる。外国人も積極的に受け入れ、各国の特色を生かした街路を整備し集客につなげる。

第31回 JIA神奈川建築*Week*
かながわ建築祭2020
学生卒業設計コンクール
指導教員インタビュー

毎年、多種多様なテーマの力作が揃う本設計展。

これらの作品はどのようにして生まれたのか。

各大学の設計カリキュラムや指導内容など、

指導教員へのインタビューを通して、

「建築」とは何かを紐解く。

地に足のついた建築の基礎をきちんと学ぶ

神奈川大学
工学部 建築学科 建築デザインコース

中井 邦夫 教授
Kunio Nakai

1968年兵庫県生まれ。1993年東京工業大学大学院修士課程修了、1997年フランクフルト造形芸術大学シュテーデルシューレ、1999年東京工業大学大学院博士課程単位取得退学。1999年ナカイアトリエ設立、1999-2000年東京工業大学技官、2003年小倉亮子とNODESIGN設立、東京工業大学大学院助手、2007-2008年同大学院助教、2008年神奈川大学工学部建築学科准教授、2015年同大学教授。

▷ **Q.** 4年生の卒業設計のスケジュールを教えてください

中井 本学の建築学科はコース制をとっており、環境や設備系の建築環境コース、構造や材料系の建築構造コース、そして、私も所属している建築デザインコースに分かれています。建築学科全体でいうと、卒業研究として、学生は卒業論文か卒業設計のどちらかを選択することになっていますが、建築デザインコースに所属している学生のうち、例年7割ほどが設計を選びます。

4年生の卒業設計のスケジュールは、各研究室の方針にもよりますが、大枠としては4月から各研究室で週1回のゼミを実施し、まずはテーマを探します。中間提出が10月に設定されているので、ひとまずそこを目標にゼミを繰り返し、敷地やプログラムなどの具体的な内容を決めていきます。最終提出は1月末か2月頭になりますので、そこま

でに図面や模型を仕上げます。ただ、具体的な進め方は、各研究室で自由に設定されています。例えば私の研究室では、卒業設計に取り組みたいという学生にも、まずは卒業論文に近いリサーチを行うように指導しています。つまり、特定のテーマや研究対象を決め、それについて調査や分析を行って結論を導くというリサーチを10月頃まで行います。その後、学生たちは、それぞれ卒業設計または卒業論文のいずれかのかたちを選択して仕上げます。

▷ **Q.** 貴校の作品傾向などはありますか

中井 他大学の中には、CADなどで図面をたくさん描かせるところもありますが、本学はどちらかというと手描きにこだわっているほうだと思います。こうした方針は、本学科に所属している教員たちが、学生たちに地に足のついた建築の基礎をしっかり学ばせようとしている点で共通していることの表れではないかという気はします。卒業設計の講評会で学外からゲスト審査員をお呼びすると、学生がきちんと図面を描けているといったコメントをいただくことが多いですね。

▷ **Q.** 手描きを重視されている理由を教えてください

中井 いろいろな意見や考え方があるとは思いますが、少なくとも本学科にいる教員たちは、建築教育においてはスケール感覚を養うことが非常に大事だと考えていると思います。常に敷地や周辺環境を含めた想像をしながら、正しいスケールで図面を描くことでしか、視野の広さやスケール感はなかなか身に付きません。私自身、かつてある先生に「机の大きさや紙の大きさと、想像力は比例する」と言われたことがあります。ずっと覚えているくらいだから良い言葉だったのでしょうね。

例えばある縮尺で住宅の図面を描く場合、その住宅のサイズだけでなく、さらに周辺環境まで含めて収まる大きな紙の上に実際に描いて、全体像が見えるようにしないと、周辺環境まで考えが至りません。ところが、パソコンで図面を描く場合、基本的にモニターを見ながら描くことになりますが、モニター画面は小さいうえに、画面上でクローズアップすると、スケールが動いてしまう。だから、視野がどんどん狭くなるのです。学生たちがそれをわかって使っているのなら、まだいいのですが、スケール感

設計演習で教員と議論

設計演習の講評会

が身に付いていない低学年からCADに慣れてしまうと、先ほど話した全体像を掴む力やスケール感覚などが全く身に付かない。その典型的な例が、全体的にスカスカで密度が低いのに、トイレだけやたら細かいという図面。CADで拡大してモニター全面にトイレのブースだけを表示して、そこだけ一生懸命描いているのです。完全に、木を見て森を見ずという状態ですが、こうした傾向は、本学だけではなく、一般的に見られる問題だと思います。というわけで、本学では、3年生くらいまでの設計演習は原則手描きにしています。

8号館1階ホールでの学内発表講評会

▷ **Q.** 卒業設計で重視されていることとは何でしょうか

中井 論文でも設計でも同じだと思いますが、やはり自分を見つめ直すということではないでしょうか。プロの建築家でも、自分の原点は卒業設計だとか、社会に出てからしていることと卒業設計は変わらないという話をされる方が多いのですが、それは逆に考えると、将来振り返った時に、そのように思える卒業設計ができるといいということでしょう。つまり、自分でも気づいていないこだわりや好きなことの発露のようなものになると良いと思います。だから、ゼミなどでは、たまたまネットで検索して出てきたような情報を羅列したようなものは徹底的に批判します。もちろん自分を見つめ直すというのは、一番難しいことかもしれません。ただ、そこを乗り越えた学生はモチベーションが上がり、設計でも論文でも、その高いモチベーションを保ったまま最後まで完成させることができます。

▷ **Q.** 今年の学内講評会で気になる作品はありましたか

中井 いくつかありましたが、例えば一つは、富士山が見える森に建つ作品で、人類がいなくなってもその建築は残り続けるという案です。建物が使われている状況だけでなく、数百年後の廃墟になった状態などのドローイングが美しく描かれていました。近年多く見られるコミュニティや防災などといったプログラム先行のテーマとは一線を画しており、久々に建築の力だけを表現しようとした案でした。下手するとアナクロになりかねないような作品ですが、とかく建築の実際的な意義ばかりが強調され過ぎているここ10年の間では挑戦的で新鮮でした。

▷ **Q.** 2019年度出展の長谷川舞さんの作品は、中井先生が指導教員だったそうですが、どのようなプロセスで進められたのでしょうか

中井 私の研究室のゼミでは、まず自分の好きなことを何でもいいので話してもらうことから始めます。人間、生きている限り何かしら建築に関わっているはずなので、学生が興味あることは、建築とも必ずどこかで関係があるはずだからです。長谷川さんの場合、最初に出てきた話は、「逃げ場が欲しい」ということでした。その後、ゼミを重ねていくうちに仕事や勉強から逃れて一休みできる空間が都市にも必要ではないかという話になり、さらに紆余曲折を経て、渋谷のビルとビルの間や裏のそこかしこにある、空調の室外機やダクトなどが這い回っているような、隙間のような空間を見るとホッとすると言い始めたわけです。渋谷はセンター街や道玄坂といった表通りのイメージが強いのですが、その背後の街区内にはほとんど人目につかない知られざる空間がひっそりとあり、そこも都市空間の一部なのです。そして、室外機やダクトなどは、ある意味、都市のインフラでもあるのです。そこでまず彼女は、渋谷のセンター街周辺の幾つかの街区を対象に、どんな隙間空間があるか、どういうものが集積しているかをリサーチしました。そして、その中で一番面白いと思った街区を対象に、都市の裏スペースミュージアムのようなものを設計しました。ビルとビルを貫通する通路、裏に出る通路、屋上に出る通路などをつくり、街区を一周できるルートをとにかくつくる。そのルートを歩いていると、街区の裏の空間に出て表通りの喧騒から逃れたり、屋上に出て巨大な室外機の音や風を浴びたりという、もう一つの都市的体験ができる卒業設計になりました。いわゆる建物らしい建物はほとんど設計していませんが、既存の都市の知られざる空間を発見し、再編集したということです。この作品は学内で優秀作の一つに選ばれましたが、彼女のケースは、自分が持っている違和感や実感のようなものを手掛かりにして、それを投影できる具体的な対象を見つけ出せた例ではないかと思います。卒業研究は、仮に最初の取っ掛かりは大変でも、最終的に自分の思想を形にできるところまでたどり着ければいいと思います。それは本人の自信にもなります。教える側としても、そうした学生の思考のプロセスや展開を見るのは楽しいですし、私自身の発見にもなります。

関東学院大学
建築・環境学部 建築・環境学科

酒谷 粋将 専任講師
Suisho Sakatani

1988年大阪府生まれ。2011年京都大学 工学部建築学科卒業、2013年京都大学大学院 工学研究科建築学専攻修士課程修了、2015年京都大学大学院 工学研究科建築学専攻博士課程修了。2016年日本学術振興会 特別研究員PD。2018年日本建築学会奨励賞。2019年関東学院大学 建築・環境学部 建築・環境学科 専任講師。

「しっかりとした仕組みがあれば
あらゆる敷地に強い提案が可能」

▷ **Q.** 設計のカリキュラムについてお教えください

酒谷 1年次で線の引き方や名作と言われる住宅のトレースに取り組み、2年次には住宅や公共施設の課題に挑戦します。基本的には手描きを必須とし、この2年間を通して製図や模型制作等のプレゼンテーション力をはじめとする設計の基礎をしっかりと身に付けるためのカリキュラムになっています。関東学院大学の特徴としては、この設計の演習と並行してワークショップの授業が走っていることです。ワークショップはドローイング・ワークショップ、モデリング・ワークショップ、ビルディング・ワークショップの3段階で行われます。3段階目のビルディング・ワークショップは2年次の前期になりますが、キャンパス内で行き交う人々の小さなアクティビティが生まれるような空間をつくります。2019年度は5チームに分かれ、ジャン

ビルディング・ワークショップの制作風景。「ジャングルジム」という作品で、すのことネットの2種類で床面は構成されている

グルジムのような形でその上で寝転ぶことのできる作品や、巨大な橋状の空間を設け、その上で食事ができる作品など、自分たちの手で個性的な空間をつくり上げました。製図の授業で図面を描いているだけでは、図面がなぜ必要で、どのような意味を持っているのかという理解まではなかなか到達できませんが、ビルディング・ワークショップで実際に手を動かし、皆で協力して建築をつくることで、設計情報を関係者で共有したり、次の工程へ引き継いだりするために図面があるということ、また図面に引かれた1本1本の線の意味などについて気付くのです。

▷ **Q.** 3年次以降のカリキュラムについてお教えください

酒谷 3年次から構造・材料や環境設備を含め5つの専門コースに分かれます。5つのコースのうちいわゆる"デザイン系"と呼ばれるのが「建築デザインコース」「すまいデザインコース」「建築・都市再生デザインコース」の3コースです。「建築デザインコース」が規模の大きな公共建築等の設計を中心に学び、「すまいデザインコース」が住宅やインテリア中心、「建築・都市再生デザインコース」は、エリアサーベイや既存ストックを活用したデザインを学びます。デザイン系の3コースにはそれぞれのスタジオ科目が設置されていて、2019年度私は「建築・都市再生デザインコース」のスタジオを担当し、"コトづくり"を含めた設計をテーマにした課題を出しました。ただし、コトづくりと言っても、単にイベントを企画するだけではなく、1年次、2年次で学んできた空間をつくることを重視し、必ずモノとコトをセットにした提案になっていなければなりません。近年は建築家が自身でリノベーションした建物でシェアハウスなどを経営したり、クラウドファンディングでまずは形をつくり、それを見せて資金を募ったりしています。つくった空間をどう生かしていくかまでを見越して空間を設計して欲しいのです。具体的には隣の金沢文庫駅の周辺エリアを対象にして学生たち各自が街をサーベイし提案を考えました。タクティカルアーバニズムという都市デザインの手法で、トップダウン的に大規模開発をするのではなく、まずは小さな活動を実験的に行ってみて、そのフィードバックを得て、そこから新たな解決方法を探っていくというものがあります。この手法を取り入れ、講義では建築未満と言っていましたが、まずは小さなライブラリーやちょっとした外部空間の仕掛けを仮説的につくり、それができたことによる周囲の影響を検証したうえで、図書館の分室や児童館等を設計しました。取り組んでみたところ、学生はつながりのある2つの建築を設計するのが難しく、教員側から頻繁にヒントやアイデアを投げかけました。タクティカルアーバニズムと言っても実際に建物をつくって実験・検証できるわけではないので、あくまで頭の中でのシミュレーションになりますが、学生たちは課題を通して仮説構築とその検証の方法を学べたと思います。

石崎大誠さんの卒業設計。学生が所有する75棟の住居を設計した

PLAT HOME

福間新さんの卒業設計。鶴川駅の市民ワークショップをもとに究極の駅チカを提案

▷ Q. 卒業設計の流れや指導方針を教えてください

酒谷 卒業設計はスタジオ課題とは別に、それぞれの研究室のもとで取り組みます。私の研究室は卒業設計に取り組むのが初めてでしたので、前期の早い段階から力を入れました。卒業設計と言えば、最初に敷地選びで苦労する学生も多いかと思いますが、地元の問題を解決したいというような理由があればよいですが、何もない状態で、敷地選びであれこれ悩むよりは、初期の段階はそのテーマや仕組みづくりに注力したほうがよいと考えています。実際に社会に出て設計の仕事に就くと、基本的に敷地は設計者ではなく、クライアントが選ぶわけです。敷地よりも、クライアントが示した課題に対して、どのようなコンセプトを立て解決策を出せるか、その仕組みやストーリーづくりを重視しています。3年次に取り組んだ課題と共通していますが、現代において設計者は空間をつくるだけでなく、その活用方法やプログラム等も含めて提案しなくてはならない。卒業設計でも空間だけでなく、しっかりとしたストーリーや仕組みがあれば、あらゆる敷地に強い提案が可能になると思います。「JIA神奈川・学生卒業設計コンクール」にも出展した石崎さん（P.76）も、サブスクリプションはじめあらゆるものをシェアすることが社会に浸透しつつある中、それに逆行する"家を所有すること"というテーマを見つけ、その内容を詳細に詰めていくことに時間をかけました。一方、敷地は学生が住む家ということで、あまり悩むことなく大学の近くにしました。実際にできあがった提案は70棟以上にもなる設計で、学生が所有するために一棟当たりどれくらいの規模と予算で建てるかという仕組みまで提案しました。「住居に何か必要か」を問い直す意欲的な作品となり、大学で開催している公開審査会で銀賞を受賞しました。ただ、このような仕組みづくりは学生にとってはハードルが高いので、教員として指導するというよりも、学生と一緒に考えるというスタンスで進めていきました。また、実際にサーベイしたり、試しにつくってみたりすることも大切で、小田急線の鶴川駅を敷地にした学生は、実際に私が関わっていた鶴川駅の市民ワークショップに参加させて、ストーリーや仕組みを考えさせました。彼が出した答えは「玄関を開けたらプラットホーム」というコンセプトで、プラットホームを拡張してそこに住

居群を挿入し、駅と住宅を一体的に開発しました。究極の駅チカを提示しただけでなく、各住居を雁行させながら配置することで、広場や路地といった都市の要素を巧みに配置し、豊かな空間に仕上げました。ワークショップに参加して、実際に市民の声を聴くことができたからこそ生まれた計画だと思います。試しにつくってみるということについては、夏に宮城大学の友渕貴之研究室と合同で、Diploma prototypingと名付けて、卒業設計のテーマで即日設計をするという会を開きました。3年次の課題で取り入れたタクティカルアーバニズムではないですが、まずは形にして検証してみて、そこから得たものを生かしていきます。悩んでいる学生も形にすると自ずと進んでいきます。初めての経験でなかなか形を出せない学生も見られましたが、この機会を通して、その後の卒業設計への取り組みに"とりあえずつくってみること"の経験を上手く生かせられたのではないでしょうか。

▷ Q. 卒業設計の指導において新型コロナウイルス感染拡大の影響はありますか？

酒谷 前期は講義もオンラインなので、もちろん卒業設計の指導もオンラインです。前期はまだ形は出てこない段階なので、ZOOMやslackといったオンラインツールを使いながら、卒業設計のテーマや仕組みづくりについて議論しています。テーマや仕組みが固まれば、敷地のリサーチを行ったり、昨年行ったDiploma prototypingを開催したり、模型をつくって具体的な空間について議論したりしたいところですが、コロナ禍ではそれらが難しく、悩んでいるところです。

一方、コロナの影響は学生のテーマにも影響を与えていて、在宅ワークが急激に浸透し、オフィスの必要性や都心に通うことが見直される中、ワークプレイスを卒業設計のテーマにする人が出てきました。ある学生は郊外のスーパーマーケットをオフィスに改変あるいはオフィスを併設した店舗として設計する案を考えています。

また、こういった状況下でも分析や研究はできるので、例えば先ほどのオフィスの案では、有名なオフィスの事例を集めて分析してみるなど、今年は卒業設計の下地となる研究活動に注力できればと考えています。

慶應義塾大学
理工学部 システムデザイン工学科

ホルヘ・アルマザン 准教授
Jorge ALMAZÁN

2003年マドリッド工科大学大学院修士課程修了。
2001年ダルムシュタット工科大学留学。2007年
東京工業大学大学院博士学位取得。2008年ソウ
ル市立大学建築学科客員教員。2009年より慶應
義塾大学勤務。

社会と向き合えば、建築の面白さが見つかる

▷ Q 慶應義塾大学の卒業設計について
お聞かせください

アルマザン 本学では、卒業設計と卒業論文の両方を行います。しかし、卒業設計に相当するものが4年生春学期に取り組む設計課題「空間設計製図3」になります。春学期は設計に集中して、秋学期には卒業論文と続きます。これは一般的なカリキュラムと異なり、本学の特徴の一つと言えるかと思います。

さらに日本の大学では、卒業設計の敷地とテーマを自由に選ぶのが一般的ですが、本学では卒業設計の位置づけが授業の課題なので多くの場合は対象エリアを指定し、その中で各自が敷地を選びます。また、4年生の時点で研究室に配属されますが、テーマの大枠も各研究室で決まっています。去年と今年は、学部長のサポートもあり、「学生のアイデアで、日吉キャンパス、スポーツ施設と、周囲のコミュニケーションをもう少しまとめていくことができないか」という考えのもと、大学敷地内の「まむし谷」と呼ばれるエリアを設定しました。設定したまむし谷は、自然が豊かですが、無秩序でさま

2020年度に行われた「空間設計製図3」の中間講評の模様

ざまなスポーツ施設があってまとまりがありません。「このままではもったいないので、この環境について考えてみましょう」と課題を設定しました。

授業の課題とは異なり、実際の設計においては、建築家は自ら敷地を選ぶことはほとんどありません。稀にコンペで、規定の敷地の隣も利用した提案を見かけますが、やはり敷地を自ら選ぶことは建築家の仕事ではめったにありません。そのため、教育的な目的を達成するため、またサステナビリティなど大事な課題に取り組むために、ある程度エリアを設定しておかないと現実とのギャップが生まれてしまうのではないかと思います。

▷ Q 設計課題としての卒業設計は、
どのように進めていくのでしょうか

アルマザン 最初に全体でトピックを分けて地図を作成しました。地形・植生分布などいろいろなリサーチから始め、各自で選定エリア内に敷地を設定します。科目責任者のラドヴィッチ・ダルコ先生がゲストを呼んで、サステナビリティや社会、建築のトピックなどについてレクチャーを行いました。2019年度は15名ほどの学生が受講し、意匠系以外の研究室に所属する学生もいました。

また、本学の卒業設計は、最終的には来往舎で展示を一般公開します。地域住民も利用できる場所なので、最低限のリアリティのある提案でないといけないと思っています。大学の設計課題の一つだけれども、できるだけ責任を持って提案するという態度を持つように指導しています。2019年度の「JIA神奈川・学生卒業設計コンクール」出展者の伊藤京子さんは、まむし谷の中に休憩所を設計し、できるだけ小さな提案にしています。小さい建築ですが、しっかりとリサーチを重ねクリエイティブな案になりました。

一方もう一人の出展者である守屋嘉久さんは、まちと関係する提案を行いました。道と建築のハイブリッドのような作品ですが、まむし谷には地域住民も入って来れ、さまざまな人たちとの交流が生まれる場なので、それに対応しないといけない。地域住民へのインタビューを行い、社会的テーマやリアリティを持って考えてくれました。

さらにこの敷地においては、地形への対応という視点も必要です。まむし谷は多くの木が茂っていますが、建築にはどうしてもフットプリントが必要なので自然環境をどう扱うのかは非常に難しい課題となります。伊藤さんのように小さい建築をつくることで、戦術的に木の少ない場所を利用できます。守屋さんは理工坂と呼ばれるまむし谷の一部を使っていますが、大きなフットプリントになるとどうなのかという議論が講評会で起こりました。敷地環境を考慮し、それにあった提案をすることを重視しています。

2019年7月に開催された「慶應アーキテクチャ」にて、卒業設計と修士設計の展示会や最終講評が行われた

　学外で行われている卒業設計の展覧会だと、大きな建築物になる傾向がありますよね。学生たちは最終的に学外の展覧会に出したいから、大きなスケールの作品をつくりたいという欲求があるようです。小さいとインパクトがなくなるのが心配なのでしょう。しかし、実際には日本で大きな建築物を設計することは難しい時代です。将来のことを考えると小さなスケールを考えるほうが、リアリティがあるのではないでしょうか。歴史的に見ても、住宅のスケールで言えばル・コルビュジエのサヴォア邸のように、小さい建築には新しいアイデアがありました。教育者としては、人口減少やリノベーション、サステナビリティを鑑みた、現在の社会に対応できる適切なサイズがあるということを伝えたいですね。

▷ Q. 学外の展覧会についてどのようにお考えですか

アルマザン　昔は、こんなにたくさんの展覧会はありませんでした。本学の学生も５、６カ所の展覧会に卒業設計を提出しています。ここ10年くらいで、こういった大学と関係のない新しい卒業設計のかたちが出てきたと感じています。模型のインパクトも増し、展覧会の訪問者にとって面白い内容になっていると思います。しかし、教育目的とは少しずれているような印象を受けています。つまり、展覧会のほうが主な目的になってしまっている。大学の卒業設計と学外の卒業設計の展覧会にはそれぞれメリットがあると思うので、コーディネートできればと思います。そうなれば、学生にとっても良い経験になり、私たちも教育目的を全うすることができる。模型のスケールについても、もう少し考える余地があるように思います。目立つということが主題になっているので、最初の審査では図面のみで審査した後、模型を見せるとか工夫ができるのではないでしょうか。建築の案としてのクオリティを先に評価するような仕組みですね。いろいろな方法があると思いますが、現在の傾向としてメガストラクチャのような提案が多い印象です。
　また、サステナビリティやエコロジーに関しては、本大学と他大学で今まで見てきた卒業設計で一番驚いたのは、敷地は日本にあるのに屋外と屋内の区別がされていない提案でした。何メートルの大規模な模型で、印象的ですがガラス窓もなく、完全に外とつながっていました。敷地がキューバやタイであれば、快適に生活できるかもしれません。しかし、日本だと冬は寒いでしょう。エアコンを利用すればできるかもしれませんが、ものすごくエネルギーがかかります。しかし、現在は原発の問題もありエネルギーについても考えないといけない。あくまで学生の案だからリアリティを考えなくても良いという意見がありますが、外と中を区別しある程度快適性を考えることや荷重のこと、また自然への影響について深く考えて欲しいです。

▷ Q. 卒業設計を通しての指導方針などがありましたらお教えください

アルマザン　本学ではサステナビリティや都市的な視点を持ち、広範囲な分析ができるように指導しています。卒業論文とのつながりを持つことが理想ですね。伊藤さんは、木造建築のリノベーションの研究をしていたので、卒業設計によって木造の仕組みや原理を理解できたと思います。設計には、構造あらわしのものや補強材が入っているリノベーションもありました。結果的に卒業設計で得た経験やテーマは卒業論文とのつながりを持てたと思います。一方で研究室ごとに研究の方向性を決めますが、そこは柔軟に対応し、一つのテーマに絞ることもしません。線的なプロセスではないので、面白い発見があれば、それでも良いと思います。
　指導方針として「空間」、「構造」、「環境」の３点は、一定程度のリアリティを持たせたい。社会と向き合って最低限のリアリティを担保するよう、日頃から重点的に指導しています。「社会を考える」＝「建築はつまらない」ではなく、面白いと考えてもらいたい。社会には想定できない可能性がいくらでもあるので、社会に対して真剣に取り組んだほうがヒントはより多く見つかるはず。それぞれの敷地や課題に適切なサイズがあるので、巨大なスケールにこだわらない卒業設計を考えていけるとよりクリエイティブで楽しい建築を考えることができるのではないでしょうか。今後は、いろいろな卒業設計のスタイルが増えると良いですね。　　　　　　　　　　　※2019年取材

慶應義塾大学SFC

環境情報学部 環境情報学科

坂 茂 教授

Shigeru Ban

1957年東京都生まれ。1978-1980年南カリフォルニア建築大学(ロサンゼルス)在学、1980-1982年クーパー・ユニオン建築学部(ニューヨーク)在学、1982-1983年磯崎新アトリエ、1984年クーパー・ユニオン卒業、Bachelor of Architecture取得。1985年坂茂建築設計設立。2014年プリツカー建築賞、フランス芸術文化勲章コマンドゥール、2017年紫綬褒章、マザーテレサ社会正義賞等を受賞。慶應義塾大学SFC教授。

建築の教育には、建築家になるためだけでなく、他のさまざまな分野にも有効な学びがあります

▷ Q. 坂先生はアメリカの2つの学校で建築を学ばれましたが、日本の教育との違いはありましたか

坂 まず、もともとアメリカに渡ったのはジョン・ヘイダック氏が教えるクーパー・ユニオンで建築を学ぶためでした。1859年に創立された学校なのですが、建築・芸術・工学の3つの分野で構成されていて、入学者全員が授業料免除という特殊な大学です。当時はクーパー・ユニオンに関する情報が日本に全くなく、渡米してから詳細を知ったのですが、外国人は入れない学校だったのです。ところが、編入試験を受ければ外国人も入学できるということがわかったので、アメリカのさまざまな建築の大学を調べました。その中でも、工場を改装してスタジオをつくるといった活動で一番面白そうな南カリフォルニア建築大学(以下、SCI－Arc)に入学しました。腰掛程度の在学を考えていたのですが、非常に面白い教育をしていたので、SCI－Arcで2年半も勉強しました。そこから予定通りクーパー・ユニオンを受験して編入したのです。

アメリカの西海岸と東海岸の文化自体が異なるように、大学での教育も大きく異なります。特に東海岸は、歴史的な街並みが多いことからわかるように、西海岸よりも建築の歴史などに重みを置きます。西海岸のロサンゼルス(1978-1980年、SCI－Arcに在学)での生活と、ニューヨークのマンハッタン(1980-1982年、1983-1984年、クーパー・ユニオンに在学)では生活の環境も違います。

カリフォルニアでは、非常に広い自然の中で実物大の建築を学生同士でつくるといった活動もありましたが、ニューヨークではそのような活動は全くなかったです。ニューヨークでは歴史的建造物の中で生活しているので、歴史と建築の影響や、歴史的なコンテクストの中に近代建築をつくる時に考慮すべきことなどを学びました。カリフォルニアでは、そのようなことを考えて計画する必要はなかったので、そこが大きな違いだと思います。

私が入学した当時のSCI－Arcは、創立3年目と若くて小さな学校でした。当時はサンタモニカにある倉庫を買い取って、倉庫の中に足場を組んでスタジオのスペースをつくったり、自分たちで椅子をつくったりということをしていました。これが非常に面白かった。これらの楽しかった経験は、今の研究室の活動にも影響していると思います。

日本との違いについては、アメリカはプレゼンテーションに非常に重きを置いています。他者の前で自分の作品をプレゼンすることで、プレゼン能力が非常に鍛えられます。以前の日本では、つくってきた作品を学期末に提出して終わりといった形式が主流でしたが、今は日本でも少しずつプレゼンが重要になってきました。それから驚いたのは、日本では卒業制作などを後輩が手伝うことですね。これはアメリカではありません。もちろん、それで後輩が上級生からいろいろなことを学ぶチャンスにはなるかと思いますが、他の人に手伝ってもらって課題をするというのはありえません。

▷ Q. クーパー・ユニオン時代には、構造力学と詩の授業が多かったそうですが、それらの影響は受けているのですか?

坂 受けています。建築と詩は関係ないように思われますが、実は根源的には同じことなのです。クーパー・ユニオンの5年生(アメリカでは建築は5年制)の時に、必修で詩の授業がありました。有名な詩人の方が来て詩を詠むのですが、この授業の最も大きな課題は、毎週宿題で詩をつくらないといけないことです。日本にいる時から詩をつくったこともないのに、さらにそれを英語でつくる

撮影:平井広行

SFCの教育研究発表棟として、SBC(Student Build Campus)ドームを学生とともに建てた

2020年7月の九州南部豪雨では、新型コロナウイルス感染症の流行のためにSFC生は不参加となったが、避難所にて紙の間仕切りシステムを提供し、組み立てなどを現地の学生と一緒に行った（写真は熊本県人吉市の人吉スポーツパレス）

撮影：ボランタリー・アーキテクツ・ネットワーク（VAN）

こと自体が苦痛でした。ただ、つくってみると非常に評価されまして、皆の前で自作の詩を詠む場面がよくありました。当時は建築学科で建築家になるために、なぜ詩を勉強するのか意図がわかりませんでしたが、実は詩をつくる作業と建築をつくる作業は非常に似ているのです。詩をつくる行為は、構造をつくってそこに厳選された言葉を当てはめていき、多様な意味をシンプルなセンテンスや言葉から表現することだと思います。建築も全く同じなのです。構造をまず考えて、そこへさまざまな要素を付加し空間をつくっていく。外国人だから英語のボキャブラリーがないし、非常に不安ではあったのですが、良い詩をつくるには、難しい文法や多くのボキャブラリーを使う必要がない。語彙や文法能力とは違う力が必要なのです。建築も、もちろんさまざまなことを勉強しますが、単純な構造や厳選されたシンプルな部材を使っても素晴らしい建築ができます。私は構造力学が得意だったので、語学が得意ではなくても全然問題ありませんでした。先生に詩を評価されたということ自体、自分でも驚きでしたが、それは建築をつくる作業に似ているからなのです。

Q. 卒業制作で重視していることはありますか

坂 現在ではコンピュータでパースをつくるなどといった技能は、就職してから必要になります。ただ、フィジカルな模型をつくるのは、どのような時代になっても重要なことなので、模型制作には力を入れるよう学生に話しています。それはプレゼンテーションに限りません。スタディをする時からコンセプト模型などをたくさんつくるべきです。今後どれほどコンピュータの実用化が進んでも、実際に我々がつくるのは、フィジカルな建築なわけですから、模型は今後も重要であり続けると思います。

Q. 坂先生のデザインスタジオについて教えてください

坂 学年によって違いますが、なるべく基本的なところから教えようと思っているので、低学年から教えたいと学校にお願いしています。スタジオで必ず行う課題の1つに、建築の分析があります。例えば、20世紀の巨匠であるミース・ファン・デル・ローエ、ル・コルビュジエ、アルヴァ・アアルト、フランク・ロイド・ライトなどの代表的な作品を分析し、その分析結果を使って住宅、あるいはミュージアムを設計するという課題を出しています。やはり、コルビュジエやミースといった天才建築家でも、アンドレーア・パッラーディオやカール・フリードリッヒ・シンケルといった過去の建築家の分析をして、自分の設計の中に取り入れています。現代建築を設計するうえでも、過去の巨匠の作品を分析するというのは非常に重要です。そのため、学生たちにも名作の分析をさせて、その結果を盛り込んだ設計をさせるということを行っています。

Q. 坂茂研究室について教えてください

坂 SFCは学部1年生から研究室に所属できます。1年生のみ取得単位にはなりませんが、私は早くから研究室に入る必要があると思っていますので、私の研究室には1年生も所属しています。2001〜2009年にも研究室を設けていましたが、当時よりも建築を志す学生が減っているのは残念です。ただ、建築の教育というのは、建築家になるためだけでなく、他分野にも有効な勉強だと思っています。学びたい分野に関わらず、どのような学生でも研究室に受け入れています。

また、私の研究室に限りませんが、学生には海外で学ぶように話しています。新型コロナウイルス感染症とは関係なく、徐々に若い人たちが留学しなくなっています。これは日本の将来にとってマイナスなことです。2009年にSFCの教授を辞めてから、2011年に戻るまでの間はハーバード大学やコーネル大学で教えていました。私の留学時には日本人の学生がたくさんいましたが、今は中国人の十分の一、韓国人の五分の一程度までに減っています。若い人たちが留学したがらないのは、日本の将来にとって危機的な状況です。いくらオンラインで授業ができるといっても、学ぶことは学問だけではありません。また、建築に限りませんが、良いものを見ないと良いものは絶対につくれません。世界中の良い建築を見て回らなければ、建築家には100％なれないのです。前回の私のゼミに所属していた学生は、今も海外で活躍している人が多いです。

東海大学
工学部 建築学科

野口 直人 助教
Naoto Noguchi

1981年神奈川県出身。2004年東海大学卒業。2006年横浜国立大学大学院修了。2006-2012年SANAA勤務。2013年野口直人建築設計事務所設立。2013-2015年横浜国立大学大学院設計助手。2016-2017年横浜国立大学非常勤講師。2014-2017年東海大学非常勤講師、2017年より同大学助教。

「個人的な興味を構造的に理解して設計の方法論に変える」

▷ Q. 設計のカリキュラムを教えてください

野口 「建築デザイン演習1〜6」で、1年前期から3年後期までデザインを学びます。カリキュラムの特徴としては、「建築デザイン演習1」が基本的に製図の授業で、最終課題くらいから造形の課題が含まれてきます。他の大学では、製図と造形というデザインに特化した授業は分けていると思いますし、東海大学も過去には「基礎造形」と「設計製図」と分かれていたのですが、現在はカリキュラムの都合上、製図も造形も一緒に学ぶようになっています。そのため、「建築デザイン演習1」で製図の基本的な

「建築デザイン演習2」の最終課題、「価値の転換―場からコト―コトから場」の学生作品(後藤龍之介作)。だだっ広い空間に、微細な段差を設けるだけのとても些細な操作だが、昼時などに人々が大勢腰かけることで、大きな「場」が浮かび上がる

知識や描き方を詰め込み、「建築デザイン演習1」の最終課題から「建築デザイン演習2」にかけて、テーマを与えられてデザインに対する解答を考えるという形になります。素材と構造、光環境と内部空間というざっくりとしたテーマを与えて、なるべく建築に近い内容で、造形をできるようになることを目指しています。他大学はわりと2年のコース分けから設計を学ぶことが多いかと思いますが、東海大学は1年からと早めに取り組んでいます。1年後期の「建築デザイン演習2」の最終課題では、キャンパス内に自分で敷地を設定し、人間の新たな活動などを生み出すようなものを自由につくりなさいと、1年生に対してかなり難しい課題を与えます。つまり、建築や街などをデザインするうえで、一体どういうことを考えなくてはいけないのか、どういうことが重要なのかを最初に問いかけるようにしています。休憩スペースをつくりなさいといった具体的な課題ではなく、自分で場所の特徴を見つけて、その特徴を生かせるような、その場所の魅力を増幅させるようなもの、そこの特徴を生かして何かしらの人の活動を生み出すようなものをつくりなさいという内容になりますね。最初のうちは戸惑いもあったのですが、最初にそれをやることで、単にテーマを与えられて解くだけでなく、自分で問題や価値を見出すといった癖を付けることを目的としています。そして、これが東海大学のデザインの出発点であり、他大学よりも早めに動くという本校の特徴でもあります。

「建築デザイン演習3」からはテーマを与えます。住宅や集合住宅といった一般的なテーマとなりますが、例えば住宅だったら隣人と関係をつくる住宅など、サブテーマを必ず組み合わせます。今やっている集合住宅も、シェアスペースをどのように考えるかといったサブテーマを与えています。「建築デザイン演習4〜6」も同様に、テーマというよりは少し捻った問いかけを出しています。東海大学は建築学科だけで1学年200名を超え、「建築デザイン演習1、2」では200名を超えた授業が行われるため、解答のレベルに差が出てきてしまいます。そういったものに興味を持つ学生は徐々に絞られ、最終的には3年生くらいになると40名くらいまでに減ります。それから4年前期になると、研究室に配属となり、卒業設計に取り組みます。

▷ Q. キャンパス内で人間の活動を生み出すようなものをつくるという「建築デザイン演習2」の課題では、どのような提案がありましたか

野口 課題の条件は規模も敷地も全部自由なため、何の変哲もない場所にすごく些細な変化や面白さを見出して提案するという内容で、卒業設計に通じるところがあると思います。通常の課題は、プログラムや機能など具体的な条件を与え、もとからある環境を生かしてどのような出来事をつくるかという問いかけになりますが、本課題に関しては、プログラムを与えますが、「食べる」・「寝る」・

学期の最後に大学院を含む全学年の優秀作品を発表し、講評する総合講評会（スーパージュリー）も東海大学の特色の1つ

「本を読む」といったざっくりとした行為しか指定しません。その行為の対象となる場をつくるのは当然ですが、それだけでなく、その行為によって周りにどのような影響が与えられるかを考えて欲しいのです。例年わりと森の敷地を選ぶ人が多く、木の配置を生かしたギャラリーや、壁のようなものをつくる案などはありました。2018年のある提案では、ベンチのようなものをたくさん置くのではなく、広場の中に人が座っていなければほとんど認識されない、窪地のような楕円形の段差をつくるという提案がありました。昼時は食堂の席が足りないので、学生たちはだいたい階段などで昼ご飯を食べるのですが、この段差に皆が座ってご飯を食べることで、昼時だけそこが巨大な楕円形の広場になるという提案です。ある出来事が起こると急にその場所が大広場になるなど、結構大胆なことを皆考えていました。

▷ Q. 2018年度のシンポジウムで感性を生かす
　　指導の話をされていましたが、
　　具体的にはどのようなことをされるのですか

[野口] 学生は皆、まだ自分のことをよくわかっていないんです。自分が何に興味があり、何が好きで何が嫌いか真剣に考えて来なかったんだと思います。でも、皆持っているはずなんです。どんなことでもよくて、アニメのキャラクターだったら何が好きで何が嫌いか。スポーツでも何が好きで何が嫌いで何がどうでもいいのか、必ずあるはず。自分の価値観をしっかり言えるようになれば、人に共感されるようになり、自分が楽しいことを人に知ってもらえたら、人が理解してくれたら、それはすごく嬉しいことではないでしょうか。設計する意義もそこにつながるんじゃないかな。人に言われた条件をそのまま設計するのは機械でもできます。そこに自分を加える必要があり、それをいかに共感してもらえるか。興味の構造を知るというか、どのような理由で好きなのか、学生とコミュニケーションを取

りながら探ります。その考察の過程から、オリジナルの設計手法を確立していきます。自分の価値観からつくる設計というのは一生崩れないし、そこを一番重要視しています。自分なりの価値観をつくり上げたら、卒業設計は成功だと私は思っています。

そして、それが研究室の指導方針です。なので、最初の研究室では、建築とは全く異なることをプレゼンテーションしてもらいます。最近はゲームなどが多いですね（笑）。ただ、私からは真剣にそのゲームがどのようなゲームか質問をします。そこで間違えたらいけないのが、例えば漫画が好きだから漫画ミュージアムをつくるとかではなく、漫画をどうして面白く感じるかを構造的に理解し、設計の方法論に変えることをしなければなりません。昨年、漫画が好きな子がいて、漫画のどこが面白いのかを一緒に考えていくと、単にストーリーが面白いというより、コマ割りの表現や効果音の質感などの漫画ならではの表現方法を面白く感じるとのことでした。コマ割りや質感などは人の感情や時間の流れなどをすごくうまく表現しており、人がどう感じるかを形でコントロールするというのは、まさに建築と同じではないでしょうか。そこから、部屋の大小や部屋のつながりのリズム、床壁の質感などを積極的にデザインし、人の感情をコントロールして特異な体験ができるような現代アートのミュージアムをつくることへとつながりました。このような学生との共同作業は本当に大変で頭がパンクしそうになりますが、とても楽しいです。私自身がいろいろなものに興味があり、いろいろなことを知りたいということもありますが、相手の学生が20年くらい生きてきた中で好きと思えるようなものは、よほどの理由があるものに違いないし、その深層に潜む価値観を鮮明にさせるためには、自分の言葉を他者と共有することが重要です。自分の価値観からデザインを生み出すためにはとても必要な作業だと考えています。

※2019年取材

漫画のコマ割りを分析して、その魅力を建築に落とし込んだ卒業設計作品
（川上杏乃作）

学生と対話しながらともにつくりゆく

設計製図教育の未来

東京工芸大学
工学部 建築学科

八尾 廣 教授
Hiroshi Yatsuo

1966年大阪府生まれ。1990年東京大学卒業、1992年東京大学大学院修士課程修了。1992年アトリエ・ファイ建築研究所、1999年THTアーキテクツ設立、2005年より八尾廣建築計画事務所代表取締役、2008年東京工芸大学工学部建築学科准教授、2017年NPO法人 GER 設立・副理事長、2018年より東京工芸大学工学部建築学科教授。

Q. 昨年度に学科再編をされましたが、どのような教育方針に変わられたのですか

八尾 本学の一貫した方針として「マンツーマン教育」をモットーとしているのは、ずっと変わっておりません。1年生から4年生まで、教員1人当たり学生20名前後という少人数教育を行っており、それは今後も伝統として続けていきます。学科再編については、工学部全体の再編のプロセスとして、分野ごとに分かれていた学科が一つの学科にまとまりました。工学分野では新しい技術や分野が生まれ、従来の枠組を超えたイノベーションが起きている。それに対して学科の縛りを失くして臨機応変に時代に対応する体制を整えたということです。工学科内に各分野のコースを設け、分野を横断し学生が将来携わる領域を見つけられる仕組みとなっています。

建築コースに関しては、他分野から移籍する条件として、1年生の時から設計製図の授業を履修しているなどの制約を設けていますので、必ずしもそれほど学生の所属が流動的にはならないとは思います。しかし、定員が20名増え140名となりました。これに伴い、設計製図教育に関わる教員もこれまでの5名より7名へと増やしました。設計活動を行っている教員が市原出先生と私の2名から、田村裕希先生と山村健先生に新しく入っていただき計4名となり、より充実した設計教育を行う体制ができました。一方で工学部の方針として、1年次前期は基礎教育の部分を充実させ教養を深める期間に充てるカリキュラムとなり、今までのように1年次前期から設計製図教育を行うことができなくなりました。設計教育期間が半年分縮まりましたが、カリキュラムをゼロから再構築しているところです。設計系の教員も増えたので、設計製図のカリキュラムもより充実したものとなると思っています。

Q. 教養科目の授業はどのような科目があるのですか

八尾 東京工芸大学というのは、工学部と芸術学部しかない珍しい大学なのですが、コニカミノルタ（当時は小西本店）の創始者らが興した写真学校が起源となっています。写真は技術と芸術の融合ですから、その延長として、工学部、芸術学部ができたというプロセスがあります。芸術学部の教育は最先端の写真芸術を起点として発展し、映像、デザイン、インタラクティブメディア、漫画、ゲーム、アニメーションにいたる、先端的なメディアアートを教育しています。工学部は機械、電気電子、情報、化学・材料、建築のコースに分かれていますが、いずれも最先端の技術を追求しています。このような工芸大の強みをもっと生かしていくために、教養科目に「写真演習」が新設されました。大学に対する誇りを持って欲しいことから、写真の撮り方の基礎を教えるため、1年生全員が必修になっています。写真というのは奥深くて、建築も写真と深く関わりがあります。写真によって空間を知り、光を知るということもあります。そのほかにも、工芸大学でしか得られない工芸融合の科目や演習も設けられています。また、哲学や文学、人文地理学的な素養は設計に進む人たちにとって必ず生きてきます。私自身も東京大学在学時に哲学の授業を受けましたが、ものごとの本質を見極める視点をもつという意味において、建築の学びにも大きな影響を受けました。建築のコンセプトなどを考える時には、哲学者の考えてきた空間概念というものは自分の思考の支えとなります。

Q. 学生を指導する上で重視していることを教えてください

八尾 卒業設計では「人間力」が試されますから、学生とは単なる設計指導を越えて人生談義をはじめ実にさまざまなことを話します。そのプロセスのどこかで、今後の人生を歩む上での何か「夢の種」のようなものを学生に与えることができるかどうか——。それをずっと考えています。種のようなものを与えられる機会は本当にわずかでたった一度だけなのですが、その瞬間はわかります。学生の目がキラッと光るんです。それができると設計や論文に取り組む姿勢も自然と変わっていきます。私自身も大学院時代に師匠である原広司先生から「夢の種」をいただきました。今でも私の人生の根元にしっかりとあります。それは卒業設計が上手くいくことよりもはるかに大切なことです。なかなか上手くいかないことも多いのですけれど、研究室の学生全員に「夢の種」を与えられるよう私も努力し

昨年度の卒業設計講評会の様子（写真は加藤大基さん）。今年度の卒業設計もソーシャルディスタンスを確保しながら対面の講評会を実施する予定

今年度の建築設計製図V・設計課題1「緑ヶ丘団地：集会場を中心とする市民交流の場づくり」は完全オンラインでグループ課題を実施。建築のリアリティーを学ぶため、学生考案の「アイデアの種」（写真）へ住民の意見を募集。得た回答46件から案を練る

ています。今年度の出展者である加藤大基くん（P.52）に関しては、3次元的な空間のボキャブラリーにもともと長けている人で、設計に関して特に優秀な学生だったと思います。ただ、早いうちで優秀な人で伸び悩むというケースが結構あるんです。加藤くんの場合も3年生頃から、これまでの加藤くんにないような表現をするようになり、あえて挑戦して失敗するようなこともしていました。それまでは端正な空間をつくるのが非常に得意だったのですが、あえて曲線に取り組むなど。どちらかというと、作品としては完成度を高めているのだけれど、たぶん自分が生み出した建築としては不満が残ってはいたのでしょうが、自分の殻を破るためのチャレンジを続けてきました。卒業設計ではあえて野太い表現の巨大な塔をつくったのですが、彼のパッションのようなものを投影した非常に野性味あふれる建築であり、まるで古代社会の砦のようです。建築の良し悪しの枠を超えて、もっと人に強く伝えたいという想いが現れた建築なのです。卒業設計においても恐れずチャレンジし、突き破った。私は少しばかり刺激して彼がみずから夢の種を見つけ出すのを傍から手助けするぐらいでしたが、彼がそうした悩みを突破し力強い作品を完成してくれたのは本当に良かったと思います。

▷ **Q** 新型コロナウイルス対策によるオンライン授業に対して、対面授業を望む声が多いですが、良い面はありましたか

八尾 オンライン授業の良い面はエスキスの様子を全部録画して後で学生が見られることですね。また、学生から送られた模型写真や図面に、iPadなどで書き込んで学生に戻して記録に残せるので、授業内容を復習しやすいというのは大きなメリットだと思います。ただ、模型に関しては一工夫が必要かと思います。通常だと、学生がつくってきた検討用の模型に私も適宜手を入れながら指導するのですが、それがこちらの手元にない。そこで、簡単なスタディ模型をつくり、それを学生の案通りに並べ替えて、それを移動させながらオンラインで見せるというやり方にしました。リアルの授業に近い感覚でできており、学生もこちらのほうがわかりやすいと言ってくれたので、だいたい問題なくできていると思います。もう一つの問題は、手描きの

図面のオーラのようなものが伝わらないことですね。本校では、ほとんどの学生がCADを使うのですが、手描きのタッチを加えるなどして少しでも図面が伝わりやすいよう工夫をしています。そのオーラのようなものがデータ上では伝わらないんです。さらに一番ネックな問題は、学生同士のコミュニケーションが希薄だということですね。それはとても可哀想であり、設計製図に限らず非常に問題となっています。もともと優秀な学生の能力を伸ばしてあげることはもちろん重要なのですが、実は設計が好きだけれど伸び悩んでいるような人の中にこそ、将来優れた設計者になる可能性を秘めている学生がいます。そのような人たちが育つには、同世代が「共有する場」が重要ですが、それは同世代や先輩、後輩同士が垣根なく語り合える"リアルな"製図室や教室・キャンパスでしか醸成できない部分があります。後期は一部対面のハイブリッド授業を開始しましたが、予想以上に製図室に来る学生は友人たちと"おしゃべり"をしています。そのような雑談的な多面的コミュニケーションの重要性を改めて認識しているところです。

建築計画の座学の授業では、一部を双方向授業として、学生にチャットで意見を書き込んでもらい、それをホワイトボードに反映させて皆の考えを共有するような授業を行いました。チャットでは学生は意見を言いやすいようで、60分間で90もの書き込みがあり、すごく盛り上がって授業後のアンケートも非常に好評でした。学生の意見を聞くと、「他の学生の考えを知ることができて良かった！」という感想が多かったです。オンラインの授業では、学生は他の学生の考えを聞く機会がない。ですので、教員側がともに考えるテーマを定め、皆の考えを反映するボード等を共有して、学生の考えのある種媒介となるような教育が効果的であると思います。

オンライン授業も工夫次第で、学生との距離感をより上手く計りながら対面授業にも劣らない授業はできますが、一方でその限界も見えてきました。コロナ禍は私たちにとり大きな転換点となると思います。これまでの教育を見直す良い機会となりましたし、オンライン授業にできることとその限界も見えてきました。その先にどのような教育の未来が来るのか、これから学生と対話しながらともにつくりゆく教育には大いに可能性があると思っています。

明治大学
理工学部 建築学科

山本 俊哉 教授
Toshiya Yamamoto

1959年千葉県生まれ。1981年千葉大学卒業、1983年千葉大学大学院修了。東京大学工学部都市工学科伊藤滋研究室を経て、1984年マヌ都市建築研究所入社。1992-2005年同社取締役。1998-2005年中央大学兼任講師、2001-2002年千葉大学教育学部非常勤講師、2004年同大学工学部非常勤講師、2004-2006年東京理科大学非常勤講師。2005年明治大学助教授（准教授）、2010年より同大学教授。

「卒業設計はまちづくりと一緒で他人事ではなく自分事として考えるのが大切」

▷ Q. 明治大学では卒業設計と卒業論文のどちらかを選べますが、山本先生の研究室ではどちらが多いのですか

山本 卒業設計ですね。私の研究室では15年間分の統計を取っており、卒業設計73、卒業論文47となります。2019年は論文が7と多いのですが、トータルだとこれくらいの差が出ます。実は、昔は本学では卒業設計が必修科目でした。それは明治大学に建築学科を開設した堀口捨巳先生が「学生は卒業してから建築屋として、ある程度は図面を描けなければ駄目だ」という考えをお持ちだったためです。したがって、図面の表現方法が不適切だったら卒業できないくらい厳しかったんです。そのような歴史があることか

ら、本学の建築学科を卒業するならば卒業設計を選んだほうがいいという話を私は研究室の学生に話しています。

卒業設計のテーマに関しては、都市計画研究室だから都市を設計しなくてはいけないわけではなく、都市のレベルから見て住宅1軒をどのように設計するのかでも良く、その設計されたものが小さいものでも構いません。今の時代は大きなものを設計する時代ではなくなりましたので、リノベーションという形もありますし、テーマは自分で探しなさいと話しています。

▷ Q. 研究室の学生にはどのようなアドバイスをされているのですか

山本 1つは、敷地をただ見るだけでなく、断面をきちんと図面化しなさいと話しています。土地の高低だけでなく、建物の大きさまで見なさいと。彼らはどうしても企画づくりにのめり込んでしまうため、ぼんやりとした内容にならないよう、都市的なスケールから建築的なスケールまで考えて、きちんと寸法をとってリサーチを行うように言っています。それと、立場によって見方が異なることも考えて欲しい。2019年度の卒業設計でチャイルド・ケモ・ハウスをテーマにした学生がいますが、その場合は、まず病気になった子どもの立場ですよね。それから、一緒にいる家族、そこに関わる職員の人たち、そして周りに住む人たちの立場からの見方。また、法律や制度は与えられるものでなく、つくるものです。法律の壁でできないものも法律の壁を取り払い、規制緩和すれば、できることがたくさんあります。卒業設計では、法律や規則にこだわらず、むしろ、それらを見直せば、このような素晴らしい空間を生むことができるという提案を見せて欲しいです。

もう1つは、空想的なアイデアを具体化しなければならないということです。どのように計画を実現させるか、彼らなりに条件を設定して夢を実現させなさいということ。最近だとクラウドファンディング、少し前だと基金や補助金などありますし、あるいは、事業者に投資家が関わることもあります。現実の世界というのは、計画を実現させていく時に変わっていくものなので、この夢に投資してくれませんかと誰かに訴えかける気分でやりなさいと話してい

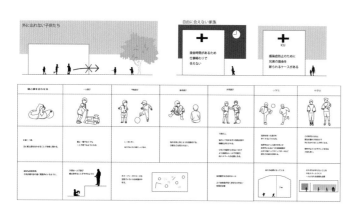

（左）山本研究室の杉本香澄さんはチャイルド・ケモ・ハウス、（右）酒井泰斉さんは動物のいる刑務所を題材に取り組んでいる ※2019年取材時点

災害時の避難経路や時間を明確にする「逃げ地図」づくりプロジェクト。山本先生の研究室では地域の人と一緒に行っている。写真は高知県黒潮町で、地域の子どもから大人まで多様な世代が参加

ます。卒業設計とは、そういうものだと思うんですよ。

▷ **Q** 卒業設計でどのようなことを
身に付けて欲しいですか

山本 何を問うのかは自分自身で問いなさい、それから、お互いに議論しなさいという話をします。やはり学生と教師の関係ではなく、まずは学生同士で自主的に取り組むのが基本ではないかと思います。特に、研究室に配属されたことで、ある種チームのように一緒に始めるわけですから。そして、ほかの研究室も当てはまると思いますが、1つ上もしくは2つ上の先輩が相談に乗ってくれます。所帯が大きいことや大学院になると留学生も多く参加するので、私の研究室では学年ごとにゼミをやっていますが、月に1回は合同で発表し合うことで、1か月間でどのような進捗があったのかを先輩たちが見てくれます。同じ学年のメンバーについては、お互いの進捗状況を見て、お互いに刺激を与え合って意見交換をします。このように、研究室のマネジメントという面で、学生同士のコミュニケーションを重視しています。私が筋道をつけて指示するのではなく、何事も他人事ではなくて自分事で考えるのが大切なのです。主体的にどうするか、自分のこととして考える。

まちづくりも同様で、被災地での復興計画の際に、技術的なところは積極的に助言しますが、どんな街にしたら良いのかという将来像は地域住民が考えるべきで、それを促すための情報やツールの提示はします。学生たちとのコミュニケーションの仕方とまちづくりは、基本的なベースの部分で同じだと私は思っており、研究室で、先輩たちの来る場を設定するように、さまざまな場面で場の設定やそれをファシリテートするということを行っています。

一方で、卒業設計というのは、最終的には空間を設計するものですから、私たちが見たことのないような空間を見せて欲しいです。だから、現実のさまざまな制約条件にあまり縛られずにやりなさいと話しています。ただ、アイデアが良い子はたくさんいますが、設計で空間的な魅力をつくらないといけないし、プレゼンボードの制作もしないといけ

ない。さらに、口頭発表のチャンスを得られたら、限られた時間の中で発表するプレゼン力というのがどうしても必要になりますし、プレゼン力を高めるには、プレゼンするだけの時間的な余裕もないといけない。そのため、最終的に形にするための手順をよくよく考えなさいと言います。建築そのものは最終的には構築していくものですから、工期があるなかで工務店さんや左官屋さんに依頼する。卒業設計で後輩たちの協力を得るのもひとつの能力ですから、自分たちで考えなさいと話をしています。だから、社会に出る前に必要なすごく基本的なことを話しており、設計や計画のテクニックは二の次です。

▷ **Q** 学生同士の議論では、
どのような話し合いがされるのですか

山本 私は基本的には学生同士のやり取りには参加しません。もちろんゼミの時にはいますが、ゼミでのやり取りはひとつのきっかけとなります。基本的には、質問をすることで「質問力」を高めるということです。良いとか悪いとか好きとかそういう話ではなく、何故そう考えたのかといった彼らの持っている疑問が大切であり、私はやはり質問するということが、問題設定の基本になってくると思うんです。研究というのは常に疑問を投げかけての問い直しですから。卒業設計も、何故この場所を選んだのかから始まり、何故このテーマなのかというレベルの疑問へ、そして、どうしてここにこの形のものを設定したのかという質問へと昇華される。学生たちもそれを積み重ねていくと、そのような問題設定のやりとりが自然となされていきます。

▷ **Q** 講評会で印象に残った作品はありますか

山本 「JIAかながわ建築祭」に出展する作品というのは、本学の講評会でファイナリストとして残った作品となります。そして最近の傾向として、作品のテーマが幅広くなっているということがあります。それは、設計教育上で地域をよく見るというリサーチ重視のところがあるのと、何を問うのかをわりと専任教員が意識しているところがあるため、学生たちも一生懸命に自分なりのテーマを見つけて来ます。それが結果的に、非常に多様なテーマ設定となり、かつ、リサーチがわりとしっかりしているものが全般的に多いということにつながります。講評会のゲスト審査員の先生方にはそのあたりを高く評価いただけているようです。年によっては最終投票が満場一致になることもありますが、だいたい票が割れますね。それだけ作品が多面的な特性を持っているということですし、評価する人たちもさまざまな評価軸で審査されているということです。

※2019年取材

横浜国立大学
都市科学部 建築学科

南 俊允 助教
Toshimitsu Minami

1981年石川県生まれ。2006年東京理科大学大学院修士課程修了。2006年伊東豊雄建築設計事務所、2017年南俊允建築設計事務所設立、横浜国立大学大学院Y-GSA設計助手、2020年より横浜国立大学大学院Y-GSA助教。

「どのような課題であっても、自分自身の問題の深度を深めることにチャレンジして欲しい」

▷ Q 卒業設計のスケジュールを教えてください

南 卒業設計を選択する際、3年後期で設計を履修するか履修しないかが、まず大きな分かれ道としてあります。一方、構造、設計、環境、歴史などのスタジオ選択も影響しますが、構造などの設計以外を履修していた学生も4年生の卒業設計の段階でもう一度、卒業設計を履修できるような柔軟なカリキュラムとなっているのが横浜国立大学の特徴です。つまり、必ずしも設計を履修した学生だけが卒業設計に取り組むわけではないということ。また、主に研究室に属さずにスタジオでデザインを学ぶAD（Architectural Design）系の学生が多いですが、建築計画学を学ぶAT（Architectural Theory）系の学生もいます。横浜国立大学だと、AT系は大原一興先生と藤岡泰寛先生が担当されています。

そして、4年前期には非常勤建築家によるデザインスタジオ課題があります。課題として規模が「1万㎡」と決まっているだけで、プログラムや敷地などが自由であり、卒業設計に近い内容になっています。小さな規模の設計は2年生からずっと取り組んでいるので、大きな設計に挑戦してみて自分の限界を広げることを意図しています。もちろん1万㎡といっても、1万㎡ちょうどの建物ではなく、1万㎡程度の大きな街や小さな地域の計画の場合もあります。この課題は、山本理顕先生や北山恒先生が教えていた時から受け継がれてきた伝統的な課題だと伺っていますが、都市環境くらいの大きさまで及ぶ環境を考えたうえで設計するというのが主旨ではないかと個人的には思っています。

後期からは「卒業設計ゼミ」というのが始まり、2019年度は藤原徹平先生と髙橋一平先生が担当しました。2020年度は藤原先生と私が教えています。例年20〜30名程度で、今年は26名が履修しました。中間講評は2回ほどあるのですが、妹島和世先生、西沢立衛先生、乾久美子先生、藤原先生、大西麻貴先生、寺田真理子先生によるクリティークを行います。その2回を乗り越えて、卒業設計の完成に向かうという流れになっています。

なお、2017年4月から理工学部は都市科学部に再編されたため、入学する学生も今は、建築設計というよりは都市やまちづくりなどといったことをイメージして入学しているのではないでしょうか。もともと横浜国立大学はY-GSAも含めて建築と都市の二本立てになっていましたが、2017年度からはそれらを引き継ぎつつも、建築を取り巻くより多くの環境について科学する学部となりました。

▷ Q 南先生のご出身大学と比べて、横浜国立大学の特徴的な教育システムなどはございますか

南 学部・大学院ともに東京理科大学の小嶋一浩先生（Y-GSAの前校長）の研究室に所属していましたので、当時は結構パワフルというか大きな模型や図面を描くことが多かったですね。理論も重要ですが、モノで勝負するようなところがありました。

一方で、横浜国立大学の印象としてあるのが、先ほども話しました都市と建築の両方を一緒に考えるということ。本学では、まずリサーチをしてその都市や建築について自分たちの中で一度読み解いてから、その場所に何が建つべきかを考えることが多いように思います。そのため、卒業設計においても、前段階となるリサーチだったり、何をつくるべきか、どうやってつくるのが良いかといったスタディを深く行うことが多い気がします。それは、Y-GSAの設計助手に来た時から思っていました。その反面、エネルギーのある人はそれを完成させたうえで設計に進みますが、それを引きずって

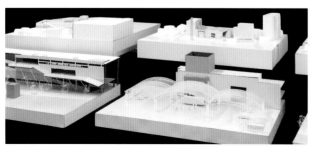

「JIA神奈川・学生卒業設計コンクール」で銀賞となった瀬川未来さんの模型

学内講評会の様子

しまってモノ自体をどうつくるかに到達できていない人も
います。そこが大きな分かれ目としてあるのかな。すごく
面白いリサーチをしていても、つくったモノにそのリサー
チに基づいた面白さがないこともある。それは横浜国立大
学の良さでもあり課題でもあるのではないでしょうか。

▷ **Q.** スタジオ制なので、自分たちで卒業設計の工程も
　　　 コントロールしなくてはいけませんね

南 おそらく指導教員が監督する研究室に属したほう
が、卒業設計に取り組むうえで負担が少ないのだと思いま
す。ただ、社会に出た際に、締め切りだったり提出物があ
ったりする時に、自分でスケジュールを立ててどう計画し
ていくかを考えなくてはいけない。さらに、その計画を立
てた時点では想定できないことやハプニングなども起こり
ます。例えば、制作途中で先生方にテーマと提案内容が全
然違うのでゼロからやり直したほうがいいと言われること
もあると思うんですね。そういう場合に、自分で筋道を立
て、どのようにしてモノをつくるか考えるのは、建築家と
してとても重要だと思います。そういう意味では、4年生
の時に研究室制ではなくスタジオ制を履修するというの
は、建築家としての自主性をつくるという意味でも、すご
く重要な取り組みとなります。学生からするとすごく厳し
い状況かもしれないですね。義務教育のようにレールがあ
ってその上を歩いて良い点数を取ればいいということでは
なく、自分でどうすべきか判断しなければいけません。自
分が何をやりたいか、どうするべきかという自主性が問わ
れるようなカリキュラムになっているのです。

▷ **Q.** 今年の出展作品に関して、
　　　 印象に残った作品などございましたか

南 「JIA神奈川・学生卒業設計コンクール」にて銀賞
を受賞した瀬川未来さん（P.28）の作品は、今まで設計
の対象として取り扱われづらかった、郊外のイオンなどと
いったチェーン店が並ぶ場所に対しての提案であり、災害
拠点の場所という枠を超えた新しいロードサイドの街の在
り方を提示しています。さらに、街全体を明るい未来に向

かわせるような提案で、個人的に面白いと思いました。

今年出展した3作品については、敷地に設定した地域や
場所に呼応した建築を設計したという点が共通点としてあ
ります。そのほかの作品についても、都心でつくるよりも
郊外や地方に可能性を見出して敷地に設定した学生が多か
ったという印象がありました。

▷ **Q.** 卒業設計で、
　　　 学生はどのような力を養うべきだとお考えですか

南 卒業設計とは、例えば、再開発の内容を良くする
というわかりやすい課題が設定され、その課題を解決すれ
ばクリアという課題設定型の取り組みではないのです。そ
の人個人から出てくるものを卒業設計で取り組んで欲しい
と思います。つまり、今の世の中の流行や問題とは別に、
自分としてはどのようなことに興味があるかということを
基に卒業設計をするのが良いのではないでしょうか。私も
そうでしたが、卒業設計はその後の人生にすごく大きな影
響を与えます。卒業設計を見ると、人となりがわかるとい
うか、良い悪いや成績などとは別に、悩んで上手くいかな
かったら上手くいかなかったなりに、その人の個性が出る
と思うんです。全部自分で決めていいという条件なので、
自由にやる反面、自分の本質のようなものが出てしまう。
このような、人の本質が出てしまうという点で、卒業設計
を行うのは、面白いものをつくること以上に、今の自分と
未来の自分を知るという面が大きい。なので、なるべく自
分個人の問題から考えるのが良いと思いますし、僕はむし
ろそういう卒業制作を見たい。

さらに言うなら、普段の課題もそうであるべきです。僕
が受け持っているスタジオの3年生などには言っているの
ですが、図書館という課題が出たとしても、たまたま今回
は図書館という課題なだけなので、自分が設計において突
き詰めたいことをやってみるべきだと。道に興味があった
ら、図書館という課題が出ようが、道をテーマにしてつく
ってもいい。課題が何かというよりは、出てきた課題を使
って自分自身の問題の深度を深めることにチャレンジして
欲しいです。

令和の大改革を進行中！

2020年度 1級建築士 設計製図試験 卒業学校別実績

卒業生合格者20名以上の学校出身合格者のおよそ6割は当学院当年度受講生！
卒業生合格者20名以上の学校出身合格者合計 2,263名中／当学院当年度受講生合計 1,322名

下記学校卒業生 当学院占有率 58.4%

学校名	卒業合格者数	当学院受講者数	当学院占有率	学校名	卒業合格者数	当学院受講者数	当学院占有率	学校名	卒業合格者数	当学院受講者数	当学院占有率	学校名	卒業合格者数	当学院受講者数	当学院占有率
日本大学	162	99	61.1%	大阪工業大学	55	34	61.8%	金沢工業大学	35	16	45.7%	北海道大学	27	13	48.1%
東京理科大学	141	81	57.4%	東京都市大学	52	33	63.5%	名古屋大学	35	22	62.9%	新潟大学	26	18	69.2%
芝浦工業大学	119	73	61.3%	京都工芸繊維大学	49	23	46.9%	東京大学	34	16	47.1%	愛知工業大学	25	17	68.0%
早稲田大学	88	51	58.0%	関西大学	46	32	69.6%	神奈川大学	33	22	66.7%	中央工学校	25	12	48.0%
近畿大学	70	45	64.3%	熊本大学	42	23	54.8%	立命館大学	33	25	75.8%	京都建築大学校	23	19	82.6%
法政大学	69	45	65.2%	大阪市立大学	42	22	52.4%	東京都立大学	32	21	65.6%	武庫川女子大学	23	13	56.5%
九州大学	67	37	55.2%	東京工業大学	42	17	40.5%	横浜国立大学	31	15	48.4%	大分大学	21	12	57.1%
工学院大学	67	31	46.3%	名城大学	42	27	64.3%	千葉工業大学	31	19	61.3%	慶応義塾大学	20	9	45.0%
名古屋工業大学	65	38	58.5%	東京電機大学	41	25	61.0%	三重大学	30	16	53.3%	日本女子大学	20	11	55.0%
千葉大学	62	41	66.1%	広島大学	38	29	76.3%	信州大学	30	16	53.3%				
明治大学	62	41	66.1%	東北大学	38	26	68.4%	東海大学	30	16	53.3%				
神戸大学	58	27	46.6%	東洋大学	37	24	64.9%	鹿児島大学	27	18	66.7%				
京都大学	55	28	50.9%	大阪大学	36	13	36.1%	福井大学	27	11	40.7%				

※卒業学校別合格者数は、試験実施機関である（公財）建築技術教育普及センターの発表によるものです。※総合資格学院の合格者数には、「2級建築士」等を受験資格として申し込まれた方も含まれている可能性があります。　〈2020年12月25日現在〉

第31回
JIA神奈川建築Week かながわ建築祭2020
学生卒業設計コンクール

発行日　　2021年2月12日
編　著　　日本建築家協会 関東甲信越支部 神奈川地域会 編
発行人　　岸 隆司
発行元　　株式会社 総合資格　総合資格学院
　　　　　〒163-0557　東京都新宿区西新宿1-26-2　新宿野村ビル22F
　　　　　TEL 03-3340-6714（出版局）
　　　　　株式会社 総合資格 ……………… http://www.sogoshikaku.co.jp
　　　　　総合資格学院 ………………… https://www.shikaku.co.jp
　　　　　総合資格学院 出版サイト …… https://www.shikaku-books.jp

設計展主催　日本建築家協会 関東甲信越支部 神奈川地域会 編
設計展協賛　株式会社 総合資格　総合資格学院

編　集　　株式会社 総合資格　出版局（新垣宜樹、金城夏水、藤谷有希）
デザイン　　株式会社 総合資格　出版局（三宅 崇）
写　真　　吉山泰義（P.37 模型写真）
印　刷　　シナノ書籍印刷 株式会社